ちくま文庫

父が子に語る日本史

小島 毅

筑摩書房

父が子に語る日本史　目次

♠剣の章

♥心の章

◆宝の章

♣ 鋤《すき》の章

父が子に語る日本史

♠剣の章

A　なぜこの本を書くのか

さっきの誕生日のケーキ、おいしかったね。君も言ってたけど、お腹いっぱいになりました。ちょうど十五年前のこの日ですね、君が私たちのところに来てくれたのは。きょうと同じく、とても寒い日でした。

きょう、君は、『論語《ろんご》』のなかで孔子《こうし》が「学に志《こころざ》す」と言った年齢になりました。「志学《しがく》」とは十五歳のことです。そして、あと二カ月で中学卒業です。高校に進めばいよいよ本格的な勉強をすることになり、そのなかで、将来どんな内容の専門に進んでどんな仕事につくかの準備を始めることになるでしょう。とうさんやかあさんと同じく歴史系の勉強をするのか、それとも、もっと実際の仕事の役に立つようなコースに進むのか、自分で選ぶことになります。「学に志す」とは、進路を自分自身で選んでいくという意味にもとれると、私は思います。

でも、残念ながら、学校で使われる教科書がそれに役立つかどうかは疑問です。そもそも、あまり面白いものとは言えませんし、私も倫理の教科書づくりに参加しましたが、いろんな制約があって、書きたいことの半分も盛り込めませんでした。

とうさんやかあさんが大学で歴史の勉強をするようになったのは、教科書が面白かったからではなくて、歴史に興味を持たせてくれるような本や先生に出会ったからです。日本史にしろ世界史にしろ、それらの教科書は、やはり教科書ならではの堅さがあって、正直言って面白い読み物ではありません。君が教科書だけで歴史という学問をきらいになってしまうとしたら、それはとても残念なことです。そこで、この本を書くことを思い立ちました。

昔、インドにネルーという政治家がいました。インド独立運動の指導者で、独立成功後は首相も務めた人です。彼が政治犯として獄中にあったときに、娘——のちに首相になり、最期は暗殺されたインディラ・ガンジーです——のために人類の歩みを書きつづった手紙は、のちに『父が子に語る世界歴史』という本になって、世界中の人々に読まれました。私も君ぐらいの歳のときに読んで感動しました。とうさんはネルーほど偉くはないし、物知りでもないので、とても「世界の歴史」は書けそうにありませんが、私たちが暮らすこの日本という国の歴史にかぎってならば、なんとかまとめることができるかもしれない。そう思ったのです。

これから読み進めてもらえばわかるとおり、この本は「日本の歴史」ではありますが、科目としての「日本史」と同じではありません。高校の科目では「日本史」と「世界史」という区別があって、別々の時間に、多くの学校では別々の先生によって教えられています。私はそうしたやり方はおかしいと、ずっと思ってきました。

まず第一に、この場合の「世界史」というのが、「世界中の歴史」ではなくて、世界から日本を除いた歴史、つまり「(世界全体－日本)の歴史＝世界史」だということです。自分たちの暮らす国の歴史を抜きにして、外国のことだけを勉強しても、あまり意味はありません。「日本史」の基礎知識を備えたうえではじめて「世界史」が意味を持つはずなのに、ちかごろでは「日本史」を勉強しなくても「世界史」だけ履修すれば、高校を卒業できるような仕組みになっています。センター入試などの大学受験で「世界史」を選択し、それだけの受験勉強をすると、外国については事件の年代や歴史上の人物の名前に詳しいのに、日本の歴史についてはほとんど何も知らないということになってしまいます。とうさんは大学で教えてきて、いつもその弊害を痛感してきました。

第二に、これと裏返しの関係になりますが、日本の歴史は、日本という枠のなかだけでは理解できません。今の日本の国境が定まったのは、明治時代のことです（厳密に言うともっと後のことですが）。江戸時代には、沖縄は「琉球国」という別の国でしたし、北海道も国内と呼ぶにはあやしく、まして北方領土はどう見ても日本という国の領土ではありませんでした。ところが、「日本史」では、数千年前の縄文時代から、日本は今の日本と同じ範囲だった、という前提で話が始まります。

そのくせ、弥生時代を経て古墳時代となると、話はもっぱらヤマト政権とその周縁地域のことばかりになり、そのまま飛鳥・奈良・平安時代へと続いていきます。ヤマト政権すなわち天皇の政府が、どのようにして統治する地域を拡げていったか、という物語が述べられていくのです。

「日本」という名前は、西暦七世紀ごろに天皇の政府が決めたものです。そしてこの「天皇」という称号も、同じころに使われるようになります。「日本史」というのは、最初から天皇の政府が治める地域という前提で、いまの日本の領域全体の歴史を時代

原始	古代	中世	近世	近・現代
縄文 弥生	（古墳時代） 飛鳥 奈良 平安	（院政期） 鎌倉 （南北朝） 室町	安土桃山 江戸	明治 大正 昭和 平成 令和

［一般に行われている時代区分］

順に並べています。沖縄や北海道が「日本国」に統合される以前のことまで、どうして「日本史」として語られるのか、教科書はきちんと説明してくれません。つまり日本と、それ以外（＝「世界史」の対象となる地域）との区別が、あらかじめいまの国境によって設定されてしまっているために、昔の人々が思い描いていたのとは異なる「日本」の姿が語られているのです。

さらに、この件と関わって、第三に、日本は日本だけで歴史を紡いできたわけではありません。日本の国造りにあたっては、中国大陸や朝鮮半島からいろいろなこと・ものを学びました。そのことは、「古代」の部で教科書にも書かれてはいますが、実は鎌倉・室町時代の「中世」でも同じようなことが言えますし、「鎖国」していたとされる江戸時代の「近世」でさえ、海外とのつながりが完全に切れたわけではありませんでした。

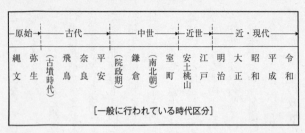

そもそも、近畿地方や関東地方の人たちが考える「日本」と、九州地方の人たちが見ている「日本」とでは、そのイメージは違ったはずです。でも、「日本史」の教科書は、奈良・京都や鎌倉・江戸に置かれていた朝廷や幕府、つまり日本の中央政府の視点から、日本という国の移り行きを述べています。

もちろん、それには仕方のない面もあります。「日本史」のような一国史は、「近代」の国民国家を作るためには必須なのです。フランスにはフランス史があり、ドイツにはドイツ史があります。そして、同じ歴史上のできごとが、フランス側からの描き方と、ドイツ側からの描き方とで異なったりします。そうすることで、国民の結束を強め、自分の国、祖国に誇りを持たせるような仕組みになっているのです。

話が少し難しくなりますが、たとえば日本と中国の「歴史認識」の違いから起こる問題の根っこはここにあります。とうさんはいま、「日中歴史共同研究」の委員として、この問題に取り組んでいます。中国の人たちが描く歴史と、日本側から見た歴史とでは、どうして食い違いが生まれてしまうのか。この問題を考えるためにも、一国史的な見方を反省してみる時期に来ていると、私は思っています。

というわけで、これから君のために、「父が子に語る日本史」を、毎日少しずつ綴っていきます。いろんな逸話《いつわ》を盛り込んで、読み物としておもしろく工夫するつもりです。そうして、君だけでなく、君と同じ年頃の人たちにも、広く読んでもらいたいと思っています。

2　全体像を示したい

ゆうべ書いた原稿を読み直していて、思いました。私は自分のことをなんと呼べばいいのだろう、と。ふつう、私は「私」を使います。でも、ゆうべは君に語りかけるときに「とうさん」と書いているところが何カ所かありました。まあ、君が実際に「とうさん」と呼んでくれたことはないですけどね。で、考えました。そして、「僕」を使うことにしました。その理由は、この本の最後に話します。

さて、その僕がこんな本を書いてしまうと、たぶん、いろんな人から批判されるだろうと思います。「日本史」の専門家ではない、それどころか、「歴史学」の研究者ですらない人間が、日本の歴史を教科書とはちがう枠組みで語るなどというのは、実は傲岸不遜《ごうがんふそん》なことなのです。良心的な専門家であればあるほど、僕のように大胆にまとめることには慎重だし、こういうやり方に対して不信感を抱くだろうと思います。

でもあえてこんな本を書いたのは、やはりこれが必要だと強く感じるからです。たとえば司馬遼太郎《しばりょうたろう》のような歴史小説家のほうが、歴史学者よりも多くの読者を獲得し、強い影響力を持っているという事態に対して、僕は大変な危機感を持っています。専門の研究者たちが、そうした小説家の歴史理解や叙述のしかたを仲間内では厳しく批判しながら、では一般の人びとに、それに代わる歴史像を提示し得ているかというと、決してそうではありません。専門的研究の現場と、一般社会における理解の水準とのあいだに、とてつもなく大きな隔たりが生じてしまっているのです。

もちろん、学問とは所詮そういうもので、だからこそ専門家が必要なわけでしょう。理論物理学や生命科学の最先端の知識なら、みなが理解している必要はないし、そもそも僕にははなから理解できません。しかし、歴史はそうした理系の先端科学とはちがって、もっと身近で切実なものであるべきだと思います。自分たちの暮らすこの社会が、何百年という時間の積み重ねの結果としてこうあるということの、その経緯について、最新の専門的研究をふまえた説明がきちんとなされることが必要です。近代国家において、その構成員がきちんと歴史を知らない場合、その国は危険な方向に向かって走り出す懼《おそ》れがあります。実際、日本は数十年前の戦争でそういう経験をしました。歴史の専門家にはわかっていた「歴史の真実」が、学校で教育することを禁じられ、ふつうの人たちには伝わらなかったのです。

この本は、君のように将来の社会を担っていく若い世代の人たちに、現時点での研究成果を紹介しながら、日本と日本を取りまく地域の歴史について、僕なりに整理したかたちできちんと説明しておくためのものです。将来書き改められる事柄も多いでしょう。人によっては価値評価の分かれる記述もあるでしょう。でも、とにかく、時間の流れを通じた全体像を提示したいという思いから書きました。そういうつもりで読んで下さい。

3 「日本史」をどこから見るか

世界地図を見ると、国境線をはさんで各国は、その内部を同じ色で塗りつぶされています。日本が赤と決まっているのは、日の丸の色だからなのでしょうか？　でも、サッカー競技では、日本の色は青で、お隣の韓国が赤ですよね。

地図の色については、一説に、赤は膨張色なので、狭い日本列島を錯覚で大きく見せ、隣の黄土色の中国や緑のロシアのような巨大国家を収縮色にして、彼我遜色《ひがそんしょく》なからしめようという深謀遠慮がはたらいているというのですが、本当でしょうか?
日本は北方領土から沖縄まですべて同じ赤、中国は東は山東半島や台湾から西はチベットやウイグルの自治区まですべて黄土色になっていると、実際にも国境をまたいだ途端に光景ががらりと変わるように感じてしまいますが、もちろんそんなことはありません。たとえば、沖縄と台湾のあいだの相違は、沖縄と択捉島《エトロフ》のあいだの相違より小さいし、台湾とチベットの相違よりも小さいでしょう。

もし国の色を正確に表現しようとするなら、国のなかに色の濃淡をつけるべきなのでしょう。日本では、京都を赤のいちばん濃い色にして、「これぞ日本」ということを表現し、沖縄は中国風の黄色が少しはいったような薄い赤、台湾は、数十年の日本植民地時代の影響もあり、赤みがかった黄色にするというように。台湾が中国の一部なのか、ということも大問題ですけど、それはさておくにしても。

地理だけではなく、じつは歴史もそうなのです。琉球国だった沖縄にとっては、京都で起こっている事件と同様、もしくはそれ以上に、北京《ペキン》で起こっている事件が大事でした。前にも言ったように、「日本史」は奈良・京都や鎌倉・江戸といった、時の政治の中心地からの視線でまとめられているにすぎません。「沖縄からみた日本の歴史」は、それとはだいぶ違ったものになるはずです。もちろん、奥州平泉《おうしゅうひらいずみ》には平泉の、対馬《つしま》には対馬の、それぞれ独自の「日本の歴史」があったはずなのです。

では、なぜ奈良・京都や鎌倉・江戸だけが特権的な地位を占めてきたのかというと、そこが強大な政治権力の所在地であったと同時に、その政治権力にともなって文化があったからだとも言えるでしょう。福岡も鹿児島も仙台も秋田も、それぞれに中身や程度は異なりながら、奈良・京都や鎌倉・江戸を、文化の中心として仰ぎ見る態度をもっていたのではないでしょうか。

たとえば京都が、十五世紀後半の応仁《おうにん》の乱《らん》で荒廃すると、お公家《くげ》さんやお坊さんなど、文化の担い手たちが地方に疎開していきます。なかでも、山口の大内氏《おおうち》という大名は、中国（当時は明《みん》）や朝鮮との交易で裕福だったこともあって、彼らを手厚くもてなし、また、そうした風聞に引かれて多くの文化人が集いました。水墨画《すいぼくが》で有名な雪舟《せっしゅう》も、山口で暮らしています。さながら、京都が山口に引っ越してきた様相を呈したと言われています。

京都の求心力が応仁の乱のあと、十六世紀になっても強力だったことは、愛知出身の天下人《てんかびと》三人衆、織田信長《おだのぶなが》・豊臣秀吉《とよとみひでよし》・徳川家康《とくがわいえやす》が、いずれも京都から天下に号令したことが示しています。たしかに、信長は安土《あづち》に、秀吉は伏見《ふしみ》桃山《ももやま》に城を築きました。だから、「安土桃山時代」なわけです。家康は江戸と駿府《すんぷ》（静岡）に本拠地を置きました。しかしそれでも、京都は政治的に重要な場所で、ここを有効に支配することに、三者三様に苦心しています。

「なんだ、そんなの当たり前じゃないか。明治になるまで京都には天皇が住んでいたんだから」と思うかもしれませんね。たしかに、普通はそう説明されています。京都は都だったから重要なのだ、と。さらには、正式な遷都《せんと》がなされていない以上、いまでも日本の首都は京都とみなすべきなのだという人さえいます。天皇の御所《ごしょ》がある町がすなわち都であって、そこが日本の中心都市であるのは当たり前だ、という考え方はあまりにも自明なので、ふだんは議論の対象にすらならないでしょう。

でも、考えてみて下さい。だったら、なぜ僕たちは、「鎌倉時代」とか「江戸時代」ということばを使うのでしょう？　幕府がそれらの都市に置かれていたということは、これらの都市が政治の中心だったという意味ではなかったでしょうか。しかしながら、鎌倉時代でも、江戸時代でも、そして、幕府が京都の室町《むろまち》通りにあった室町時代にはなおのこと、文化の中心は京都でした。それは天皇がそこにいたからでしょうか？

天皇の存在とは、日本の歴史にとってどんな意味があるのでしょう？

この問題はすぐに答えるには大きすぎるので、先の課題にしておきます。とりあえず、いまここでは、「なぜ京都が、日本の伝統文化を体現する都市でありつづけているのか」を、意識的な問題として設定しておきます。そして、それが、修学旅行先の多くが京都であることの理由でもあります。

4　アテルイは「反乱者」か

きょうは出張で新幹線に乗って、岩手県の奥州市に来ています。上野から三時間弱、水沢江刺《みずさわえさし》の駅前には雪が少し融け残っていました。明治時代になってからできた「白河以北一山百文《しらかわいほくひとやまひゃくもん》」ということば、知っていますか？　東北地方の土地の価値に対する、西日本の人たちの厳しい評価を象徴する言い方です。東北新幹線の車窓風景は、たしかに白河以北で一変し、そしてまた仙台以北で変わります。ここ奥州市まで来ると、北国という実感が湧きます。

この地方は、いまからおよそ千二百年前、アテルイという名の王が治めていました。京都の政府つまり「日本国」への服属を拒み、もし律令《りつりょう》体制以外の政治機構も「国」

と呼んでしまってかまわないならば、自主独立の国造りを進めていました。

ところが、やがて京都から強大な軍団が派遣されてきます。アテルイは敗れて投降し、殺害されてしまいます。「天皇に歯向かった」という罪状で。

このあいだ、君が使っている歴史の参考書を調べてみたら、この事件を「アテルイの反乱」と表現していました。天皇の政府は八世紀以降、多賀城《たがじょう》という、いまの仙台市のやや北に置かれた城郭を拠点に、東北支配を進めていました。それに抵抗する勢力は、当時もいまも「反乱」ということばで片づけられてしまいます。でも、歴史の真相はそんなに単純なものではありません。

「反乱」ということばは、『広辞苑　第六版』（二〇〇八年一月刊）によると、「支配体制や上からの統率にそむいて乱を起こすこと」だそうです。つまり、その土地を治める正統性を持つ政府が存在しているにもかかわらず、それに対して悪意を持つ一部の人たちが起こす騒擾《そうじょう》のことでしょう。近代における軍事クーデターである、五・一五事件（一九三二年五月十五日に起きた、軍部と右翼団体によるテロ・クーデター事件）や、二・二六事件（一九三六年二月二十六日に起きた陸軍部隊の反乱事件）は、まさしく「反乱」と言えます。「統率にそむいて」いるのですから。

でも、アテルイは「反乱」を起こしたのでしょうか？　天皇による「支配体制」にそむいたという点では、たしかにそうかもしれません。ただし、問題なのは、天皇による統治を、彼らがもともと受け入れていたのか、ということです。

一九一九年、日本が統治していた朝鮮半島で、日本からの分離独立をめざす「反乱」が起きました。参加者は二百万人を超えました。日本政府はなんとかこれを鎮圧します。朝鮮人の死者は数千人にのぼりました。独立宣言が出された日付をもって「三・一万歳《ばんざい》事件」と呼ばれていますが、現在の教科書ではこの事件を「反乱」とは呼んでいません。朝鮮（韓国）の人たちが独立しようとすることは、彼らの権利であり、それを抑圧していた当時の日本政府、厳密には朝鮮総督府の方針に批判的だからでしょう。

三・一事件は、その当時においてはまぎれもない「反乱」だと、日本の人たちの目には見えたことでしょう。しかし、その評価は、いまでは変わっています。ところが、アテルイのほうはというと、当時もいまも「反乱」あつかいなのです。

もちろん、いまの奥州市の人たちが、日本からの分離独立をめざして運動しているわけではありません。その意味では、韓国の人たちが三・一万歳事件を見る視線とは異なっています。しかし、まさにそのこと、千二百年前にこの地で起きた事件が、いまでも京の都の視線で「反乱」と語られつづけていることに、前から言っている「日本史」の問題点があるとは思いませんか？

もし、仮に、朝鮮半島が日本の植民地であって当然だと考える人がいたとするならば――六十年ほど前までは実際にほとんどの日本人がそう考えていたのです――、朝鮮の人たちが日本政府の支配にそむけば、それは「反乱」でした。アテルイが「反乱」を起こしたと表現されるのは、このあたりの土地が日本国のものであって当然だという考え方にもとづいています。そして、いまここに暮らす人たちのほとんどすべてが、自分たちは日本国政府の統治下にあることを当然と思っています。

しかしながら、では、天皇による統治に逆らった千二百年前の人を、反乱者呼ばわりしつづけていてもよいのでしょうか？

実は、地元ではアテルイは人気があります。郷土の英雄なのかもしれません。駅からこのホテルに来る途中、アテルイの名前をつけたお店の看板を見かけました。そして、地元では彼を単に反乱者扱いしていないことに、ほっとしました。奥州市の中学や高校ではアテルイのことをどう教えているのだろう。そんな疑問が湧きました。

5 「美しい国」平泉と「いい国」鎌倉

きょうは平泉文化フォーラムという催しがありました。けさ起きたら一面の雪景色で、お客さんが集まってくれるかどうか心配でしたが、五百人収容のホールはほとんど満席になりました。雪国の人たちにとって、この程度の降雪はたいした支障ではないのでしょう。

平泉《ひらいずみ》は奥州市のそばの平泉町にある遺跡です。中尊寺金色堂《ちゅうそんじこんじきどう》で有名ですね。平泉町を中心に、奥州市や一関《いちのせき》市の遺跡も含んでこの一帯が、二〇〇八年の夏には「平泉〜浄土《じょうど》思想を基調とする文化的景観」として、世界文化遺産に登録されることを目指しています（追記――残念ながら二〇〇八年の登録は延期となり、二〇一一年に名称を少し変えて登録されました）。その推進運動に協力し、地元の人たちに歴史と文化に対する理解を深めてもらおうというのが、このフォーラムの趣旨です。

平泉は藤原氏一族の本拠地として栄えました。日本史の教科書に出てくる人名で最大多数を占めるのが、藤原氏です。でも、平泉の藤原氏（奥州藤原氏）は、京の都の摂関家から見たら、分家の分家のまた分家とでもいうような、身分の低い家柄でした。

こちらに移ってきてから、それこそアテルイの流れを汲むような地元の人たちの血もまじっていって、都のなよなよした公家とはちがう一族でした。清衡《きよひら》・基衡《もとひら》・秀衡《ひでひら》の親子三代にわたって東北地方を広く統治し、京の朝廷も一目《いちもく》おく存在になりましたが、四代目の泰衡《やすひら》のとき、源頼朝《みなもとのよりとも》率いる鎌倉幕府の軍隊によって滅ぼされてしまいました。

頼朝が征夷大将軍《せいいたいしょうぐん》に任じられる「いいくに（一一九二年）作ろう鎌倉幕府」の三年前、一一八九年のことです。頼朝は占領軍として乗り込んだ平泉の繁栄ぶりに驚嘆し、それを模倣して鎌倉を都市として整備したと言われています。「いいくに」は、隣の平和な平泉王国を武力で蹂躙《じゅうりん》したあと、それをモデルに造られたというわけです。あ、そうそう。僕たちは「いいくに」と教わりましたが、君たちは「いいはこ（一一八五年）」でしたね。

たしかに、平泉は「美しい国」だったようです。戦災や火災によって、当時の建物としては金色堂くらいしか残っていませんが、十二世紀にはここに浄土世界を模した都市があったということです。無量光院《むりょうこういん》の阿弥陀堂《あみだどう》は、十一世紀に建立《こんりゅう》された宇治平等院鳳凰堂《うじびょうどういんほうおうどう》を模しながら、それよりも一回り大きい規模で造られ、建物のうしろにそびえる金鶏山《きんけいざん》に沈む夕陽を見ると、さながら西方極楽浄土《さいほうごくらくじょうど》から阿弥陀如来《にょらい》がご来迎《らいごう》になったかのようだったでしょう。実際には、もうその建物はないのですが、二〇〇七年の夏にその場所で日没を見たときは、一緒にいた人たちから感嘆の声があがっていました。僕は感動のあまり声も出ませんでした。

奥州藤原氏は、かたちのうえでは京の都の天皇の臣下であり、鎮守府《ちんじゅふ》将軍や陸奥守《むつのかみ》に任官しています。でもそれは、彼らがその官職についたから東北地方を治めることができたということではなく、実際の実力に見合った役職名があとから与えられたとみなすべきでしょう。逆に、陸奥守をやめたら権力を失うということもないのです。でも、天皇からこれらの役職に任じてもらうことには、奥州支配を政治的に正当化するという意味があったのです。だからこそ、そうしてもらったのでしょう。

このことは、源頼朝の征夷大将軍任官についても当てはまります。鎌倉幕府は一一九二年に成立したわけではなくて、一一八〇年の頼朝の鎌倉入りのあと、徐々に徐々にできあがっていったものです。すでに存在する幕府（正式の名称がない不思議な政府です）を制度上も認めるものとして、征夷大将軍という称号が利用されたのです。細かいことをいえば、頼朝の段階ではまだ征夷大将軍号にそこまでの意味はなく、のちに頼朝の前例にならって、武家の棟梁《とうりよう》がこの職に任じられるようになったというのが真相です。実際には頼朝にとっては、征夷大将軍より右近衛大将《うこのえのたいしょう》という別の役職のほうが重要だったという指摘が、専門家によってなされています。ちなみに息子の三代将軍実朝《さねとも》にしても、百人一首での称号は「鎌倉の右大臣」です。

平泉文化フォーラムでの今回の僕の役割は、最後に閉会挨拶をすることでした。この年の大学入試センター試験の日本史で平泉の問題が出たことを紹介して、「平泉から鎌倉へ」という話をしました。歴史的にも平泉は鎌倉の先駆けだし、世界文化遺産の登録でも、平泉のあとを鎌倉が狙っているからです。

けれども、僕が思うに、この二つの歴史的都市にはコンセプト上の相違があります。平泉が「美しい国」なら、鎌倉はやはり「いい国」でしょう。鎌倉を造り上げていった宗教は、もはや平安貴族の浄土思想ではありませんでした。仏教の中でも新来の律《りつ》宗《しゅう》や禅宗《ぜんしゅう》だったのです。どこから新しく伝わってきたのかというと、中国です。南宋《なんそう》の文化が武士たちの都、鎌倉を造り上げるモード（流儀）となりました。そして、宋代の思想は「美しさ」というより「善さ」を追求していました。この問題は、この本における大きなテーマになると思うので、しっかり憶えておいてください。

6　明治維新を導いた『日本外史』

雪雲が僕にくっついて、一緒に白河の関を越えて南に下ってきたのでしょうか？朝起きたら一面の銀世界でした。そして、いまもしんしんと降り続けています。いまから百五十年ほど前、一八六〇年の三月三日、江戸の町はきょうと同じように雪が降り積もっていました。この日、大老井伊直弼《たいろういいなおすけ》は彦根藩邸から江戸城に向かう途中、桜田門外《さくらだもんがい》で十数名のテロリストに襲われ、暗殺されました。大老といえば国政の最高責任者、いまでいえば内閣総理大臣でしょう。前の年から反対派に対する弾圧、世にいう「安政《あんせい》の大獄《たいごく》」を推し進めており、その怨みが凶行の原因になりました。テロリストたちはほとんどが水戸《みと》藩士でしたが、ひとりだけほかの藩の者が混ざっていました。薩摩《さつま》藩士です。

二〇〇八年のＮＨＫの大河ドラマは、薩摩が舞台の「篤姫《あつひめ》」です。篤姫こと天璋院《てんしょういん》は藩主の分家の家に生まれ、藩主島津斉彬《しまづなりあきら》の養女となり、さらに公家《くげ》の近衛家の養女として徳川将軍家に嫁入りし、そうして幕末を迎えます。このドラマは、恒例の幕末ものを、薩摩出身の女性主人公の視点から、彼女の大活躍という筋立てで描いていこうということのようです。

薩摩藩は、長州《ちょうしゅう》藩・土佐《とさ》藩・肥前《ひぜん》の佐賀藩などとならんで有力な藩で、これらは地理的な位置から西南雄藩《せいなんゆうはん》と呼ばれています。そうです。「東北」とは対になる「西南」です。そして、この四藩が中心となって明治維新を成就します。明治政府ではこの四藩出身者が重用《ちょうよう》され、薩長土肥《さっちょうどひ》の藩閥政府といわれました。一方、東北地方には徳川幕府を護ろうとする勢力が強く、奥羽越列藩《おううえつれっぱん》同盟を結成して明治政府の軍隊と戦争したため、「反乱」者あつかいされました（そのことは『増補靖国史観』〈ちくま学芸文庫〉に書きましたので、ぜひ読んでみて下さい）。

西南雄藩が力をつけたのは、地場《じば》産業を育成し、商品経済を活発化させたからです。当時、流通にはもちろん陸路も使われていましたが、商品を大量に運ぶには水路のほうが便利でした。薩長土肥はいずれも海に面し、また東北などと違って気候に恵まれていることもあり、十九世紀にはめきめきと頭角《とうかく》を現してきました。そして、ペリー来航後の緊迫した政治情勢のなかで、しだいに主導権を握っていったのです。

西南雄藩率いる「官軍」と、東北の奥羽越列藩同盟の「反乱軍」とは、なにによって敵味方になっていたのでしょうか？　それは、天皇の軍隊かどうかということです。

明治天皇を擁する薩長側は、会津《あいづ》藩や米沢《よねざわ》藩・盛岡《もりおか》藩のことを、「天皇の政府に対する反逆者」と呼びました。アテルイの場合と同じ手法です。

ただ、アテルイのケースと異なるのは、奥羽越列藩同盟はべつだん、「日本国」に対して弓を引いたつもりではなかったということです。彼らの見方では、薩長は天皇を擁立したふりをして好き勝手なことをし、自分たちを敵視しているだけなのであり、自分たちのほうこそ正しい道理をふまえているはずだったのでした。だからこそ、当初から守勢にまわり、軍事的に劣勢つづきであったにもかかわらず、抵抗を続けていたのです。この戦争は、同じ日本国内における、道理と道理、ふたつの正義どうしのぶつかりあいでした。

こうした状況を作ってしまった一つの原因は、江戸時代における歴史思想の展開にあります。その思想の要《かなめ》になったのが、大河ドラマで篤姫が島津斉彬からもらって感動していた本、頼山陽《らいさんよう》の『日本外史《にほんがいし》』です。ドラマでは篤姫の友人という設定になっている小松帯刀《こまつたてわき》や西郷隆盛《さいごうたかもり》が、尊王攘夷《そんのうじょうい》運動を推進するようになる思想的理由はこの本を読んだから、というのが歴史的事実です。そして、奥羽越列藩同盟側の人たちも、やはりこの本を読んで天皇や徳川将軍を護ろうと考え、薩長の政治路線と対立していくのです。そのあたりの経緯は実に面白いのですが、複雑でもあるので、またあらためて話しましょう（『父が子に語る近現代史』参照）。

とにかく、この『日本外史』を抜きにして、明治維新《めいじいしん》は語れません。ちょっと難しい話になりますが、ひところはやった唯物史観《ゆいぶつしかん》では、そんな本があろうとなかろうと、世界史の基本法則とやらによって、明治維新は起こるべくして起こったことにされていました。でも、歴史とは偶然の産物という性格も強く持っています。たとえば、君が生まれたのだって、僕とかあさんとが結婚するという偶然があったからなのであって、歴史の必然とか、神の摂理《せつり》とかではないでしょう。そんなふうに偶然が重なって紡ぎ出されていく、だからこそ人生はすばらしいんだと思います。そういう意味では、明治維新という不思議な革命、なぜ不思議かというと、天皇という、一時期その権力を失っていた「昔の王様」をかつぎだしたら成功してしまったという革命を導いた本として、『日本外史』はきわめて重要です。

平泉が繁栄していた時期から、頼山陽が活躍した十九世紀にいたる、武士の時代の物語、それが『日本外史』です。ドラマの篤姫も言っていました。「いま、わたしは七百年前の源平合戦のところを読んでいるのじゃ。（自分の歳である）十七年なんて短い、短い」と。ひとりの人生だけでも、さまざまな偶然のドラマがあるのです。歴史には数え切れない出来事があり、その連なりがいまに至っています。その流れを整理し、いま自分たちがどこに立っているのかをしっかりと見つめること。歴史を学ぶことの意味はここにあります。年代や人名の暗記が目的ではないのです。

次回は、この本について紹介します。

7　外国のことならよく知っている

暦のうえでは春でも、日陰の雪はまだ残っていますね。日の当たるところを陽《よう》といい、日の当たらないところを陰《いん》といいます。山があると、南側はよく日が当たりますから「山陽」、反対側は「山陰」です。日本では、中国山地の南北をこのことばで表現します。『日本外史』の著者、頼山陽は広島出身なので、この号を自分でつけました。

彼は学者として優秀な父・頼春水《らいしゅんすい》と叔父・頼杏坪《らいきょうへい》を持ち、周囲から父親の後継者として期待をかけられ、自分でもそれに応えようとしてずいぶん努力をしました。でも、それが葛藤《かっとう》になったのでしょう。結婚後、精神的に不安定な状態に陥り、ついには家出をしてしまいます。親が子供に過剰な期待をかけ、自分たちの思い通りの道を進ませようとすると、才能をつぶしてしまいかねないという典型例でしょう。僕も君に過剰な期待をかけないように心します。

最終的には勘当《かんどう》され、家督《かとく》は弟が嗣《つ》ぐことになりますが、それで肩の荷が下りたからなのか、山陽は青年時代の危機を脱します。そして、この『日本外史』や多くの漢詩を著しました。形式上は勘当処分になりながらも、実際には両親、特に母親とは最後まで親しく過ごすことができたようです。

さて、では『日本外史』を繙《ひもと》いていきましょう。

ここで使う本は川越《かわごえ》藩が印刷した版で、川越邸学蔵版《かわごえていがくぞうばん》といいます。川越はうちの沿線だし、何度か一緒に行きましたね。「小京都《しょうきょうと》」と呼ばれるにふさわしく、日本の古い町という雰囲気にあふれた城下町です。君が幼稚園のときの夏休み、川越の満員の映画館で通路に座って「ドラえもん」を観たのを憶えていますか？　でも、たぶん、あの映画館ももうなくなってしまったでしょう。先日一緒に行ったとき、きれいに整備された駅周辺とはうらはらに、昔からの商店街の多くが閉店し「シャッター通り」になっていました。

川越には、東京からつながっているJR川越線（埼京《さいきょう》線直通）、東武東上線、西武新宿線という三つの鉄道路線が集まっていて、このことは、かつてここが交通・物流の要衝《ようしょう》だったことを示しています。あの源義経《みなもとのよしつね》のほんとの奥さんは、ここ川越（当時は河越）に所領をもつ武士の娘でした。有名な静御前《しずかごぜん》は妾《めかけ》です。室町時代にはこの地でしばしば合戦が起きています。それだけ大事な場所だったということでしょう。江戸時代には、権勢をふるった天海《てんかい》大僧正ゆかりの喜多院《きたいん》を擁し、老中になる家格の譜代《ふだい》大名が治める要地でした。そうしたわけで文化も栄え、藩も学問に力を入れ、多くの書物を出版しています。川越藩がこの『日本外史』を刊行したのも、そうしたわけなのです。

この本の冒頭には、川越藩儒《はんじゅ》（藩の儒者）保岡孚《やすおかまこと》が、江戸の藩邸で天保十五年（一八四四）に書いた序文がついています。まずはここから読んでいきましょう。

謹《つつし》んで按《あん》ずるに、芸国頼襄《げいこくらいのぼる》著すところの日本外史二十二巻、その紀《しる》すところ源氏の創業に起こり、以て極盛至治《きょくせいしち》の今代《きんだい》に訖《いた》る。……

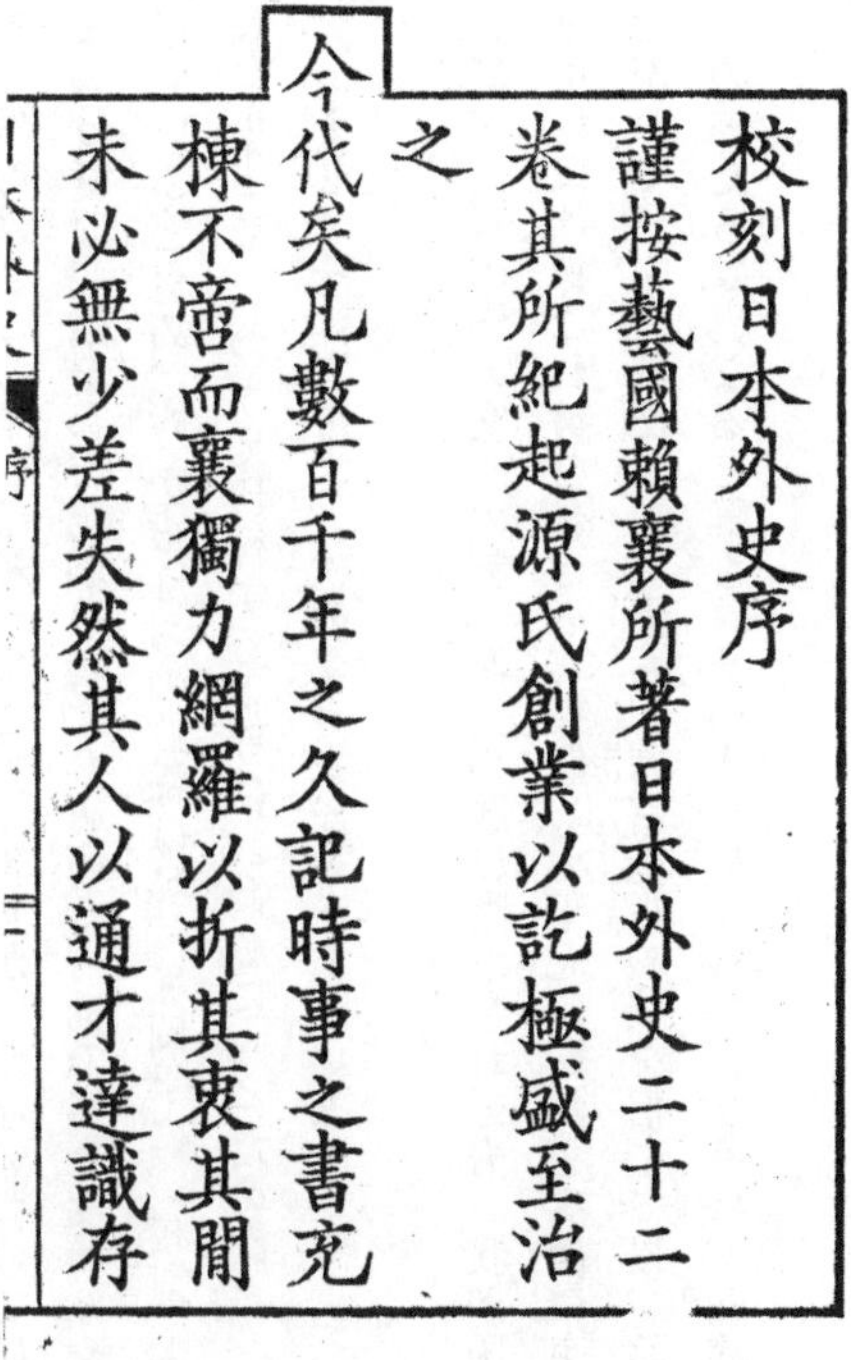
校刻日本外史序
謹按藝國賴襄所著日本外史二十二
巻其所紀起源氏創業以訖極盛至治
之
今代矣凡數百千年之久記時事之書充
棟不啻而襄獨力網羅以折其衷其間
未必無少差失然其人以通才達識存

『日本外史』（川越邸学蔵版）

頼襄の『日本外史』二十二巻は源氏の始まりから、今の時代までを扱っている、というのです。襄《のぼる》は山陽の本名です。

以下、保岡は、この本には細かな史実にまちがいがないわけではないけれど、ちょうどよい分量で記述をし、記事も議論も適切で、世の移り変わりや人心の興廃《こうはい》を明らかにしていると褒《ほ》め、だからうちの殿様は私、保岡孚に、校訂《こうてい》（他の本なども参照して内容を正すこと）のうえ刊行するようにお命じになったのだと、その由来を語っています。そしてそのあとに、次のような記述をしています。

大抵《たいてい》、近日《きんじつ》の学人文士《がくじんぶんし》の弊《へい》、漢土《かんど》の跡に断《あきら》かなれども、我が国の事に曉《くら》し。彼の歴史には渉猟《しょうりょう》これ努むれども、東鑑《あずまかがみ》、太平記はこれを高閣《こうかく》に束《つか》ぬ。……武人俗吏《ぶじんぞくり》に至りては……甚だしきは則ち、稗官抵掌《はいかんていしょう》の談を信じて以て論断をなすに至る。その弊たるは異なると雖《いえど》も、その人を誤り事を害するは、豈浅鮮《あにせんせん》ならんや。……

保岡さんがどういうことを言っているかというと、ちかごろの学者連中は「漢土《かんど》」のことにはやけに詳しいくせに、日本のこととなるととんと関心を示さず、基本的な古典である『吾妻鏡《あずまかがみ》』（鎌倉幕府が編纂した年代記、『東鑑』とも表記される）や『太平記』（南北朝動乱を描いた、「小島法師」の作とされる軍記物語）を読もうとすらしない。なかには、小説・講談のたぐいをそのまま事実と信じ込んで、自分の歴史認識の糧《かて》にし、そのことに疑いをさしはさまない者もいる。これはあまりにひどいではないか、と嘆いているのです。

今とそっくりだと思いませんか？

「漢土」というのは、文字どおりには、いまの中国のことです。江戸時代には中国の歴史書は必読書でした。「左《さ》国史《こくし》漢《かん》」と総称される四つの本、すなわち『春秋左氏《しゅんじゅうさし》伝《でん》』『国語』『史記』『漢書《かんじょ》』や、『十八史略《じゅうはっしりゃく》』は、ちょっとした武士の家や裕福な百姓・町人の家には、たいてい蔵書としてありました。学問に積極的な人士ともなれば、それらよりも詳しい史書、『三国志』とか『資治通鑑《しじつがん》』の類も読んでいて、中国の歴史には通暁《つうぎょう》していたわけです。ところが、日本の歴史となると、鎌倉時代や室町時代をあつかった基本的な本すら読まない。これじゃ、本末転倒だろうというわけです。

当時の中国は、現代でいえばさしずめアメリカに相当します。そうすると、腑《ふ》に落ちるでしょう？　南北戦争のことには詳しく、リンカーンの有名な「人民の人民による人民のための政治」という演説のことなどはよく知っているのに、同じ頃、日本国内で起こった内戦、「戊辰戦争《ぼしんせんそう》」のことは碌《ろく》に知らない人っていますよね？　僕は、実際にさる高名な政治家がそうだったのでびっくりしたことがあります。

いや、なにも歴史に限定する必要はありません。ジャズやロック、カントリーやミュージカルには詳しいけれど、民謡や歌舞伎にはまったく関心をもっていない人たちが、君のまわりにも多いでしょう？

後半のほうで保岡が指摘していることはもっと深刻です。学問を職業としているわけではない一般読者ともなると、『吾妻鏡』や『太平記』によってではなく、それらをもとに書かれた小説の内容を、歴史どおりと思いこんで云々《うんぬん》する連中がたくさんいるというのです。まったくもって今でもそのとおりで、たとえば司馬遼太郎のような小説家が描いた戦国時代や幕末維新のフィクションをもとに、「この国のかたち」を、したり顔で論じる人たちが、じつに多いのです。これは彼の小説がいけないという意味ではなくて、小説を歴史的事実として受けとってしまう、その読み方を批判しているのです。

小説を楽しむ一般の読者ならともかく、政治家や有識者《ゆうしきしゃ》と呼ばれる人たちにして、このていたらくなんですから。保岡さんの嘆きは僕の嘆きでもあります。

でもね、ここで笑えない話をしましょうか。

「中国を崇拝して日本をないがしろにしている」と嘆く保岡さんは、この文章を何語で書いているのでしょうか。また、そもそも頼山陽は『日本外史』を何語で書いているのでしょうか。

僕は先の引用を、すべて「書《か》き下《くだ》し文」にしていますけれど、もともとは漢字だけが、しかも日本語とはちがう順序で並んでいるのです。そう、漢文なんです。でも漢文て、中国語ですよね。

そうなんです、現代の事例に置き換えてみれば、「最近の若いやつらはアメリカ崇拝ばかりでけしからん」っていう文章を、英語で書いて怒っているようなものなんです。

問題は、それだけではありません。もう一つ、保岡が言っている「小説を事実と思いこむ弊害《へいがい》」のほうも、総論としては賛成でまったくそのとおりです。しかし、では『日本外史』自体はどうなんでしょう？　じつは、山陽先生は歴史とフィクションを区別しろと言っているにもかかわらず、場面が盛り上がってくると、筆をすべらせて自分の創作をしてしまいます。ところが『日本外史』を教科書に使って日本史を学んだ人たちは、それが事実だと思いこみ、『吾妻鏡』や『太平記』(この二つの本にしたって所詮《しょせん》は「お話」なんですが)を読みもせずに、歴史認識を形成してしまいました。いや、本当のことを言うと、いまでもそういう人たちがまだ生き残っているんです。

8 遣隋使は対等外交か

聖徳太子は知っていますよね? 僕らの世代では一万円札と五千円札の肖像だったので、お札《さつ》の代名詞でした。友だちと一緒に飲みにいったときに、「きょうはあいにく聖徳太子の持ち合わせがないので、すまないがおごってね」というように使います。一万円札の顔はいまでは福沢諭吉になりましたが、クレジットカードが普及したため、「福沢さん」を持ち歩かなくても不自由しなくなりましたよね。あとでカード会社からの請求が怖いですが……。

お札にも使われた聖徳太子の肖像画は、彼の生前にスケッチされた絵ではありません。のちの人が想像で描いたものです。そういうのをほんとの意味で「肖像」と呼べるのかどうか、僕は疑問に思います。古代の人物について、歴史の本でよく見かける肖像図版の多くは、これと同じです。孔子《こうし》の顔とか、キリストの顔とかは、あとの人が勝手にこしらえたものです。

絵だけではありません。その人の事績とされるものも、えてしてあとから付け加えられたものです。聖徳太子についてもそうだというのが、最近の研究動向のようです。つまり、聖徳太子という人について伝えられている物語の多くは、あとの時代になってからの創作で、実際にいた厩戸王《うまやどおう》という人物とは関係がないとされています。教科書などに書かれている、日本の国制を定めた最大の功労者が聖徳太子であったという筋書き自体が、「お話」だというのです。

そうしたお話の一つに、遣隋使《けんずいし》の件があります。中国の統一国家である隋の皇帝に対して、「日出《ひい》づる処《ところ》の天子《てんし》、書を日没《ひぼつ》する処《ところ》の天子に致《いた》す。恙無《つつがな》きや」という、有名なあの書簡です。この事実は中国側の歴史書『隋書』に載っていることなので、まあ、おそらくは事実に近いのでしょう。ただ、問題は、それをどう評価するかです。日本で作成した『日本書紀』のなかでは、多少文面を変えてこの手紙を紹介し、「隋と日本とが対等であったことの証拠」としています。江戸時代にもこの考え方は健在で、頼山陽先生なんぞは、その歴史認識を広めるにあずかって力がありました。「漢土」へのむやみな崇拝を批判する考え方です（でも前節で述べたように、それを「漢文」で表現しているんですけどね）。聖徳太子の精神を忘れずに、日本人としての誇りをもって外国とつきあおうというわけです。

でも遣隋使って、本当にそうだったのでしょうか？

そのころ、ということは西暦七世紀初期の時点で、隋とヤマトとのあいだには、とてつもない経済的・文化的格差がありました。現在の「主権国家」の理論では、どんなに経済・文化が貧しくとも、国どうしは対等なのが建て前です。でも、その理論においてすら、建て前は所詮タテマエであって、「アメリカ合衆国」と人口数十万人規模の小さな国家とが、同質・同格だとは、ほんとは誰も思っていません。隋とヤマトの関係はまさしくそれです。ましてや、当時は「主権国家」という考え方自体が存在しませんでした。

『日本書紀』が遣隋使を対等外交のように描くのは、一種の虚勢であって、書いている本人たちも隋と自分のところが同格だとは信じていなかったでしょう。ところが江戸時代ともなると、虚勢が虚勢でなくなり、聖徳太子は偉い人、そして、あとで本書でもとりあげますが、足利義満《あしかがよしみつ》は悪いヤツという歴史認識が、勢いを増してきます。

こうした流れに属し、その流れを決定づけたのが、頼山陽でした。彼が『日本外史』よりあとに書いた本に、『日本政記《にほんせいき》』があります。『日本外史』ほど人気を博さなかったのは、こちらのほうが専門性が高い、いまで言えば学術書だったからでしょう。川越の儒者保岡さんの主張どおり、ここでも小説『日本外史』のほうが、実録『日本政記』より好まれたと言えそうです。

話をもとに戻します。保岡が『日本外史』のために書いた序文についてです。「学人文士《がくじんぶんし》」も「武人俗吏《ぶじんぞくり》」もぜひこの本を読むべきだと、彼は言います。だからこそ、今回わが川越藩が印刷・出版に踏みきったというのです。

つづけて、この『日本外史』が源氏の勃興に始まっているのは、それが中国の――またしても比較の対象は中国です――秦始皇帝《しんのしこうてい》の統一にも匹敵する、歴史の大転換点だったからだと論じています。いまならさしずめこういう言い方になるんでしょうね。「日本の戊辰《ぼしん》戦争は、アメリカの南北戦争にも匹敵する、近代史上の重要な内戦であった」。でも日本人なら、ほんとはこう書くべきなんじゃないでしょうか。「アメリカの南北戦争は、日本の戊辰戦争に匹敵する歴史の転換点だった」と。

ここで保岡は、歴史の時代区分を述べているのです。源氏興隆ののち、すなわち武士の時代になってからは、いまにいたるまで同じ枠組みが続いている、だから山陽はここから『日本外史』を始めたのだ、と。そしてそれが、彼のころの「漢土」における王朝体制が、秦に始まるのと同じことだと言っているわけです。山陽のこの選択眼との比較は、ここからがまた中国史書のオンパレードになるのです。司馬光《しばこう》の『資治通鑑《しじつがん》』が周の威烈王《いれつおう》に始まるわけ、司馬遷《しばせん》の『史記』の世家《せいか》篇が呉《ご》の泰伯《たいはく》に始まるわけ、同じく列伝《れつでん》篇が伯夷《はくい》に始まるわけと同じだ、と。山陽はこの二人の司馬サンと同じく、すぐれた「歴史を見る眼」をもっていた、だから『日本外史』は源氏に始まる、というのです。

これで彼の序文は終わります。

9 「新興貴族」としての平氏

今回も『日本外史』の続きです。

川越藩儒の序文のあとに、ほんとうは頼山陽自身の序文が続きますが、ここではもう本文に入りたいと思います。巻一「源氏前記・平氏」です。

『日本外史』はいわゆる武家政権の時代を描いています。そのため、全体を源氏・新《にっ》田《た》氏・足利氏・徳川氏の四部構成にしています。最初の源氏が鎌倉幕府のこと、足利氏が室町幕府、徳川氏が江戸幕府のことなのは、わかりますよね？ この本の特色は、あいだに新田氏が加わっていることです。この枠組みは、南北朝時代に対する頼山陽の歴史観を反映しているのです。

そして、それぞれに前記と後記が付属しています。時代劇で人気の戦国武将たちは足利氏後記、織田信長や豊臣秀吉は徳川氏前記というようにです。で、本書全体のはじまりは「源氏前記」として、鎌倉幕府創設前に力を持っていた武家である「平氏」をあつかっているのです。

ただし、まずひとこと言っておきたいのは、平氏を武家とみなすことそれ自体が、後世になってから創られた歴史像だということです。いまでも教科書はそう書いていますが、では、平氏の人たちが自分自身を武家だと思っていたかどうかというと、僕にはちょっと疑問です。そもそも「源氏と平氏（または平家）」という対立図式によってこの時代のことを語る枠組みが、いまだにわたしたちの歴史を見る眼を曇らせているような気がしてなりません。

でもまあ、ともかく山陽先生が描く物語を読んでいきましょう。

出だしには「外史氏曰《いわ》く」として、山陽自身の論評が置かれています。その主題は、「日本はいかにして武士の時代になったか」です。彼によると、大昔は天皇や皇族がみずから戦争の指揮をしており、臣下に兵権《へいけん》をまかせるなどということはありませんでした。それが、唐の律令を模倣するようになって——山陽は律令制度を導入した時代を「中世」と呼びます、いまの時代区分とはちがうので注意しましょう——文官と武官とが分離し、将軍をはじめとする軍隊組織が恒常化しました。そうすると、軍事に習熟する人にそれをゆだねる風潮が生じ、こうして軍事専門家である源氏と平氏が力を持つようになっていきます。

この歴史の流れについて山陽は、「未だかつて王家のみずからその権を失へるを嘆かずんばあらず」と言っています。つまり、やむをえない時勢の移りゆきで、天皇は兵権を喪失してしまったが、それは決して望ましいことではなかった、という歴史認識です。

そうなのです、山陽が理想としていたのは、天皇みずから軍服を身にまとい、大元《だいげん》帥《すい》として国軍を統帥《とうすい》するすがたでした。それを実現したのが、明治維新です。でも、それが事実として天皇の本来のすがただったかどうかは、何を「本来」とみなすかという歴史観に応じて多様です。「本来はこうだったのだから」という、一見まともそうな主張の裏側にある虚偽を、君はきちんと見抜けるおとなになってください。

そして、歴史記述の本文が始まります。ちょっと読んでみましょうか。

平氏は桓武《かんむ》天皇より出づ。天皇の夫人、多治比《たじひ》莫宗《まむね》、四子を生む。長を葛原親王《かずらわらしんのう》と曰《い》ふ。幼にして才名あり。長じて謙謹《けんきん》、好んで書史を読む。古今の成敗《せいばい》を観て、以てみづから鑑《かんが》む。四品《しほん》に叙し、式部卿《しきぶきょう》に任ぜらる。子、高見《たかみ》。孫、高望《たかもち》。高望、姓平氏を賜ふ。上総介《かずさのすけ》に拝せらる。子孫、世《よよ》武臣たり。その旗、赤を用ゆ。

ここでは、平氏のルーツが語られています。桓武《かんむ》天皇の曾孫《そうそん》であった高望王《たかもちおう》が、皇族を離脱して臣下となり、臣下のしるしである姓として、時の宇多《うだ》天皇からいただいたのが「平《たいら》」だったのです（皇族には今でも姓がありません）。

ところが、この書き出しからして、すでに虚偽《きょぎ》が含まれています。虚偽というと言い過ぎなら、隠蔽《いんぺい》、隠し事と呼んでおきましょう。これは「平氏」全体のルーツではないからです。葛原親王以外にも、桓武天皇の皇子三人の系統から、その子孫が平氏になっている集団が生まれています。また高見王《たかみおう》の系譜でも、その子の高棟王《たかむねおう》という人が、平氏の先祖になっています。

ではなぜ山陽は、高望王の系譜だけを紹介しているのでしょう? それは、高望の孫として平将門《たいらのまさかど》が生まれるからです。右の叙述のあと、しばらくのあいだ、主人公はこの将門です。

平将門といえば、藤原純友《ふじわらのすみとも》とならんで、十世紀前半の「承平天慶《じょうへいてんぎょう》の乱」の主役として有名です。関東で自立した政権を立ち上げ、みずから「新皇《しんのう》」と名乗って文武百官を任命、京都の朝廷に対抗しようとしたために、最後はいとこにあたる平貞盛《たいらのさだもり》によって攻め滅ぼされます。この乱の一部始終は、事件のあと『将門記《しょうもんき》』という歴史書に記録されました。山陽もこれに依拠しています。

ちなみに、当時の歴史書はすべて漢文で書かれています。平安時代の史書というと、『栄花物語《えいが》』とか『大鏡《おおかがみ》』とかいった和文系統のものをすぐに思い浮かべるかもしれません。しかし厳密には、これらは「歴史物語」であって、史書ではないのです。書き手もそのことは自認していたはずです。では、『将門記』や、前にお話した奥州合戦の記録『陸奥話記《むつわき》』は、誰が書いたのかということになりますが、当時の武士の学力ではとてもこれだけの漢文は書けません。おそらく、貴族か僧侶でしょう。武士が武士自身で日記などの記録を残すようになるのは、江戸時代になってからのことです。前に出てきた、鎌倉幕府の史書『吾妻鏡』も、公家出身の幕府官僚が編纂作業にあたっています。

将門は「朝敵《ちょうてき》」すなわち天皇に背いた逆臣として征伐されました。これが『将門記』以来の定説です。山陽もその路線に沿って、将門の傲慢な振る舞いと、その末路を描いています。でも、ほんとにそうなんでしょうか? 将門の一連の行動は、上総《かずさの》介《すけ》として関東地方にやってきて勢力を扶植しはじめた平高望《たいらのたかもち》一族の、いわば跡目《あとめ》争いという性格が濃厚です。最終的に彼を打倒し、かわって関東に覇権《はけん》を打ち立てたのが、いとこの貞盛《さだもり》であったという結果から見ても、そういえるでしょう。関東地方は京都の貴族たちにとっては、遠い遠い未開の地でした。そこで何が起ころうと、彼らの日常生活に直結するわけではありません。きちんと年貢や貢物を持ってきてくれる人物なら、だれが取り仕切っていてもかまわないというのが本音だったでしょう。また、だからこそ、皇室の傍流で厄介者だった高望王は、ここに居ついたのです。

将門が討伐の対象になったのは、彼が自立して、年貢を持ってこなくなったからです。この襲名争《しゆうめい》いで彼のライバルだった貞盛のほうは、「私はきちんと年貢を持ってきましょう」と京都のお偉方に約束したので、将門討伐の大将に任命されたということでしょう。将門率いる「京都の天皇を滅ぼそうとする反乱軍」に対して、「天皇をお守りするための正義の味方としての官軍」を貞盛が率いていたわけではありません。どっちの兵も関東に土着していた連中で、なにかの偶然が作用すれば入れ替わる可能性がありました。

ところが、山陽先生はそうは言いません。将門率いる「京都の天皇を滅ぼそうとする反乱軍」に対して、「天皇をお守りするための正義の味方としての官軍」を貞盛が率いていたとするわけです。あくまで、将門を天皇にとってかわって帝王になろうとした不遜な人物として描き、対する貞盛を天皇に忠節を尽くした将軍として描きます。貞盛は将門討伐の功績で鎮守府《ちんじゆふ》将軍・陸奥守《むつのかみ》となりますが、これは東北地方の支配を朝廷から認められたということであり、以後、関東・東北に貞盛の縄張り、勢力圏が築かれていきます。

山陽はこのあと、貞盛の子孫の系譜を簡単に紹介し、その五代子孫の忠盛《ただもり》に至ります。このあたりからは、『平家物語』が山陽の典拠になっています。国語で教わるあの『平家物語』の主人公、平清盛《たいらのきよもり》は、この忠盛の息子なのです。ただし、山陽は古くからの伝承にしたがい、清盛の出自については「白河法皇落胤説《しらかわほうおうらくいんせつ》」を採用しています。ここでは清盛が権力を握るにいたる経緯と、彼の死後に急にやってくる平氏一門没落の過程を詳しく紹介するつもりはありません。山陽の文章も、ほとんどが『平家物語』を漢文に直しただけですし。むしろここでは、平氏から始まり源氏に継承されていく武家政権という、この構図自体を問題にしてみたいと思います。

将門の乱と、忠盛・清盛父子の朝廷での立身出世とのあいだに、なにかつながりはあるのでしょうか？ たしかに、忠盛は将門討伐に功績をあげた貞盛の子孫です。しかし、その地盤は西日本に移らざるを得ませんでした。なぜかというと、貞盛の縄張りは、平氏の婿となった源義家《みなもとのよしいえ》によって相続されていたからです。一方、平忠盛は、関東とはほとんどつながりを持ちませんでした。彼の地盤は伊勢にあり、そのため「伊勢平氏」と呼ばれていたのです。

そんな忠盛が力を持つようになったきっかけは、瀬戸内海の海賊征伐でした。これも要するにやくざの世界の大親分になったようなもので、その財力と軍事力を背景に、朝廷に食い込んでいきます。でもいったん貴族になると、今度は一生懸命に貴族として振る舞おうとします。家柄の由緒正しい先輩殿上人《てんじょうびと》たちが、彼を虐《いじ》めようとして失敗したという逸話が『平家物語』に載っていて、山陽も採録しています。この話は、この新米に対する風当たりの強さを示すとともに、忠盛のほうでも仲間として認めさせようと躍起になっていたことを物語っています。息子の清盛が法皇のご落胤《らくいん》だという言い伝えも、家柄コンプレックスをもつ忠盛の深層心理に由来する伝承なのかもしれません。

これらの事柄が何を意味しているかというと、忠盛の子孫である平氏一門は、「武門としての誇り」に生きた集団ではなく、「新興貴族」として摂関家《せっかんけ》のまねをすることを方針としていた、ということです。それを、「源平合戦」と称して面白おかしく語るようになるのは、『平家物語』をはじめとする文学作品が書かれ、それらが鑑賞されて流布するようになってからです。

特に、強くこのことを意識しだしたのは、南北朝争乱の時期だったのではないかと思います。このころ、全国の武士たちは、みな自分の先祖を源氏か平氏のどちらかにつなげていきます。もちろん架空の話ですが、そうすることで、自分の家がいかに由緒正しい「武士」であるかを自慢しあったわけです。家の旗印の色も、源氏なら白、平氏なら赤と決まっていました。右で引用したように、山陽は最初から平氏の旗の色をわざわざ記していましたよね。あれは山陽のころの常識ですが、その常識をあえてそこに書き加えることによって、読者は自分の家の旗指物《はたさしもの》と、事実としては高望王がそう決めたわけではないのに、その旗の色とが同じであることに、あらためて感動したわけです。

わが小島家は桓武平氏です。新潟県の本家にある系図には、ちゃんと最初に葛原親王の名が記入されています。僕は三十年前、ちょうど君と同じ中学三年生の夏休みに、それを見せてもらいました。どうです、今度、おじいちゃんと一緒に見に行きませんか？

和歌山県立博物館にある川中島合戦図屏風《かわなかじまかっせんずびょうぶ》の中央で、上杉謙信のすぐうしろで刀を揮《ふる》っている「鬼小島慶之助《おにこじまけいのすけ》」（別の名を弥太郎）という人が、うちのご先祖さまです。もっとも、平氏なら持っていなくちゃおかしいはずの赤の旗指物は、この屏風には描かれてませんけどね。

本家にあるその系図は、葛原親王のあと、いきなりこの弥太郎さんです。わが越後小島家の系図を作ったご先祖さまが、いかに嘘をつくのがへたな人だったかということとが、この書き方からわかるでしょう?

10 尊王思想と徳川幕府の関係

きょう二月七日は、東アジア古来の暦で一月一日、お正月です。僕はきょう、横浜のT小学校に講演に行ってきました。演題は「アジアのなかの横浜」です。

横浜というと、江戸末期の安政《あんせい》条約による開港地として、西洋のものを取り入れるための窓口、「文明開化」の象徴という印象があります。僕が小学校で教わった「わたしたちの横浜」という社会科授業も、そんな内容でした。日本の主要輸出品であった生糸《きいと》・絹製品を運ぶために、産地である長野県方面と横浜港とをつなぐために敷かれたのが、僕が住むN町を通る国鉄(今のJR)の横浜線だとか、幕末には寒村にすぎなかったのが、ちょうどそのころ名古屋を追い抜いて日本で三番目の都市に成長したのも、東京のベッドタウンであり、また京浜工業地帯として近代化・工業化したことの賜物《たまもの》だとか、そんな話ばかりを聞かされました。もっとも、N町は多摩丘陵の一角にある大山街道《おおやまかいどう》の宿場町《しゆくばまち》ですから、肉眼で海が見えるわけもなく、「港ヨコハマ」は実際の生活圏ではありませんでしたが。

でも、横浜港は西洋にだけ開かれていたわけではありません。中華街に象徴されるように、アジアの諸地域とも交易し、商人そのほかの人の往き来があったのです。きょうのT小学校での話は、その点に注意を喚起して、将来の日本を担っていく子供たちに、アジアとの歴史的な結びつきを認識してもらうことが目的でした。

ふだんのように大学生相手ではないので、どんな反応が返ってくるかかなり不安でしたが、思った以上に質問の挙手があり、予定時間を超過する結果になりました。とまあ、自慢話はこのくらいにして、きょうの本題に進みましょう。ここまで話してきた頼山陽の『日本外史』と、この話題を結びつけてみたいのです。

山陽が生まれたのは西暦一七八〇年。いわゆる鎖国《さこく》体制になってからすでに百五十年が経過していました。外国から日本に来る人の数はごくごくわずか、外国に出かけることができた日本人はもっと少ないこの時代、外国についての情報は、書物を通してのものに限られていました。その一方で、ちょうどそのころイギリスでは産業革命が起こり、あるいはロシアが大国として台頭してきていて、それらの国の船が日本の沿岸に出没するようになります。江戸幕府はそうした船への対処マニュアルの作成に迫られ、一七九一年に「異国船が来航したら、船や船員を勾留《こうりゅう》して幕府の指示を仰ぐように」というお触《ふ》れを出しました。その後、食料や燃料を与えようというお触れや、逆に日本に寄港させず追い払えとするお触れなど、この時期、政策が二転三転します。

一方、思想的には、天皇を日本の君主として尊重しようとする尊王《そんのう》運動が起こっていました。その中核となっていたのが、黄門様・徳川光圀《みつくに》がかつて治めた水戸藩で、山陽のころにも『大日本史』という歴史書を編纂しつづけていました。山陽は、前に紹介した父親の春水が編纂者たちと知り合いだったこともあって、この本を読んだようです。『日本外史』は、この『大日本史』と、新井白石《あらいはくせき》の『読史余論《とくしよろん》』とに刺激されて書かれました。これら三つの本に共通するのは、「今は江戸の徳川将軍が天下を治めているが、京都にいる天皇こそ、日本の本来の君主である」という主義主張、すなわち尊王思想でした。

尊王思想は、結論だけを先取りして言うと、日本のほうが隣の中国や韓国よりすぐれているという意識をもたらします。日本では、古来ずっと天皇家が続いているからです。そうして、「天皇がずっと日本の君主だった」という図式に合わせるために、鎌倉幕府以来の武家政治を、日本本来の国のすがたとは異なるものとして描き出します。

もちろん、『読史余論』も『大日本史』も『日本外史』も、さらには当時書かれたほかの歴史書も、江戸幕府を創設した徳川家康の功績を称《たた》えており、彼らにとっては「いま」の政治体制が正しいものだという立場です。その意味では別に反体制でも危険思想でもありませんでした。しかし、これらの本によると、江戸幕府が日本を統治しているその根拠は、家康が関ヶ原《せきがはら》で勝ったということ自体にあるのではなく、彼が天皇を尊重し、その代理として日本国内に平和をもたらした点に求められています。江戸の将軍は、京都の天皇に代わって天下を治めているというわけです。

こうした思想潮流の影響もあったのでしょう、頼山陽の青年時代に活躍していた幕府老中松平定信《ろうじゅうまつだいらさだのぶ》も、朝廷から幕府への大政委任論を主張します。「大政」、そう聞いたことがありますよね？「大政奉還《たいせいほうかん》」のあの大政です。最後の将軍徳川慶喜《よしのぶ》は、一八六七年、「先祖の家康がお預かりした大政をお返しします」と言上《ごんじょう》して、明治天皇に政権を渡したのです。山陽の『日本外史』は、こうした時代環境で書かれ、そして後世に影響を与えたのでした。

J　攘夷運動のゆくえ

頼山陽は尊王思想によって、日本のほうが中国・韓国よりすぐれていると考えていました。同じ肌の色をし、同じ文字を使う隣人たちに対してすらそうなのですから、ましてや見たこともない顔つきや文字を使う人たちについてはなおさらです。イギリスやロシアといった国々の船が来航することに対して、鎖国体制を護り、それによって日本文化の純粋性を保持しようとする動きがめばえてきます。山陽自身はまだそこまで踏み込んで主張していませんが、『日本外史』をはじめとする山陽の文章や漢詩の読者たちは、異国を日本に近づけるなという運動を始めます。攘夷《じょうい》運動です。

一八五八年の安政条約は、江戸幕府の政策決定によって結ばれました。ときの大老は井伊《いい》直弼《なおすけ》。じつは彼の前に老中として幕府を取り仕切っていた堀田《ほった》正睦《まさよし》は、鎖国という国是《こくぜ》を変更するこの条約に権威を持たせるため、天皇のお許しを乞いました。大政委任論のせいでしょう、幕府が単独では政策変更を決められなくなっていたのです。鎖国をしたときには、三代将軍徳川家光《いえみつ》は、天皇に何も相談していないはずなんですが。

堀田は自身、京都に出向いて天皇や公家たちの説得を試みますが、失敗します。京都の朝廷関係者は伝統的に攘夷主義者で、そのため、鎖国をやめることに同意しなかったのです。井伊直弼は大老《たいろう》に就任すると、幕府だけの判断で条約締結に踏み切ります。これは、幕府創設以来ふつうに行われてきたやり方でした。

ところが、大政委任論を盾《たて》にとり、「天皇のご意向に背《そむ》いて勝手に政策変更したのは怪《け》しからん」と、直弼糾弾の火の手があがります。その中心にあったのは、水戸の徳川斉昭《なりあき》です。彼は将軍後継者問題で直弼と以前から対立していました。この背後には、親藩《しんぱん》（御三家をはじめとする徳川将軍家の一族）と譜代《ふだい》（井伊家や堀田家のように、関ヶ原以前から家康に仕えてきた子飼いの大名たち）とのあいだの構造的な対立関係があり、さらに西南雄藩のような有力外様《とざま》大名が絡《から》んで、複雑な構図を作り出したのでした。

直弼は反対勢力を封じ込めるため、弾圧政策をとります。「安政《あんせい》の大獄《たいごく》」です。徳川斉昭は蟄居謹慎《ちつきよきんしん》処分に遭《あ》いました。こうしたことを根に持って、水戸藩士十七名と薩摩藩士一名によって計画・実行されたのが、桜田門外《さくらだもんがい》の変です。名義上は、藩に迷惑をかけないよう、彼らは事前に脱藩《だつぱん》していました。

前にも書きましたが、この事件はいまにたとえてみるならば、私邸から官邸に毎日出勤する内閣総理大臣の専用車を襲い、その命を奪うというようなものです。しかも犯人は、さして身分の高くない武士たちでした。日本史上、過去に大臣や将軍が暗殺されたことは何度かありましたが、いずれも身分の高い人物の命令によるもので、このような事例は空前のことでした（残念ながら、日本史上「絶後」ではありません。昭和に五・一五事件や二・二六事件がありますから）。

その後、尊王思想はますます勢いを得ていき、当時の孝明《こうめい》天皇の意向であるとして攘夷運動と合体し、尊王攘夷運動となります。大政奉還後も、西南雄藩が旧幕府を軍事的に降参させ、さらには奥羽越列藩同盟を武力で圧倒していったのは、表向きは「尊王攘夷」を実現するためでした。そして、たしかに明治時代の日本は天皇が治める国になりました。「大日本帝国ハ万世一系ノ天皇之ヲ統治ス」（大日本帝国憲法第一条）。二度と再び武家政権のようなものは作らせない。明治憲法の条文はそう宣言しているのです。尊王は、ここに見事に実現されました！

ところが、一方の攘夷のほうはどうでしょうか。明治時代は、外国との交わりを絶ったんでしたっけ？　明治の御代《みよ》になってだいぶ経ってから、ある人物が、昔なじみで、いまや政府のお偉方になっている、もとの薩摩藩士を訪ねてきました。「ところで、攘夷はいったいどうなったんですか？」

そう、どこかに置き忘れてきてしまったんです。薩摩も長州も、幕末に攘夷をめざしてイギリスと小さな戦争を起こしますが、簡単に負けてしまいます。尊王攘夷運動の指導者たちは、もはや攘夷は不可能だと悟りました。しかし彼らは、そのことを充分まわりに説明しないまま、討幕へと突き進んでいきます。かつて、天皇の許しのないまま条約に調印したとして井伊直弼を闇討ちにしておきながら、彼らは井伊の政策を踏襲しました。でもそれは、直弼の名誉を恢復《かいふく》するものではありませんでした。なぜなら、安政の大獄で、彼らの仲間がたくさん処刑されていたからです。直弼は敵《かたき》なのでした。こうして、桜田門外の変は、明治維新の先駆けとなった記念すべき事件だとみなされつづけてきたのです。

一方、横浜市内の港を見おろす高台に、井伊直弼の銅像が立っています。横浜開港の第一の功績は、天皇の許可を待つことなく条約調印に踏み切った、彼の決断にあるということなのでしょう。

Q　南北朝の語られ方

ここで、いままでの筋書きをまとめておきましょう。

この本で僕が語ろうとしているのは、「世界のなかの日本の歴史」です。日本という国は、日本列島だけで歩んできたわけではなく、その外との交流のなかで育まれてきたからです。またそうすることで、沖縄や北方領土を含む「日本国」が歴史的に形成されてきたからです。

従来の「日本史」は、どうしても政権所在地からの、つまりは中央からの視線で歴史を描いてきました。天皇や将軍についての記述はたくさんあるのに、地方政権は軽視されがちでしたし、東北地方にいたっては、いつも「討伐」の対象でした。江戸時代には、頼山陽という稀代の大歴史家が現れて、武士の時代の通史を書き、そうして、本来は天皇が治めるべき日本という国のなかでの武士の生き方を説きました。これに心動かされたことも一つの原因となって、尊王攘夷運動が沸き起こり、ついには徳川幕府を潰《つぶ》してしまいます。

明治時代になると、「日本は未来永劫、天皇が治める国家である」という見解が、憲法にも規定されて浸透していきます。戦後、こうした見方は批判されますが、しかし今でも、「日本」を歴史的に自明の存在とみなし、「縄文時代の日本」などという表現が、別に不思議がられることなく教育現場で使われつづけているのです。

日本という国が、今と同じかたちでずっと一つだったわけではないことは、すでに述べました。きょうお話しするのもそうしたたぐいのことですが、前の話と異なるのは、天皇を上に仰ぐ朝廷さえも、一時期二つに分裂していたという点です。きょうの話では、東北地方も、その両派のどちらに属するかをめぐり、中で争いあっています。

そう、南北朝時代《なんぼくちょう》の話です。この時代は、いろんな意味で興味深い時代です。ただ、きょうの話の重点は、「実際の南北朝時代がどうであったか」ということよりも、「南北朝時代は後世どう語られてきたか」の方にあります。

南北朝時代というのは、文字どおり南と北に二つの朝廷が同時にあった時代です。南の吉野《よしの》にあった朝廷を南朝、吉野から見て北である京都にあったのを北朝と呼びます。どちらにも天皇がいて、独自の年号を立て、独自に公家を官位につけ、そして独自に神々への祭祀をおこなっていました。

一三三六年から一三九二年まで、半世紀にわたってこの状態が続きます。最終的には圧倒的な力の差から、南朝の後亀山《ごかめやま》天皇が京都に出てきて、北朝の後小松《ごこまつ》天皇に三種の神器《じんぎ》を渡し、自分は天皇を辞めるというかたちをとることで決着しました。いうなれば、北朝が南朝を吸収合併したのです。その後も南朝側の一部の人たちは抵抗をつづけますが、一般には、この年をもって分裂は収拾されたとみなしています。

さて、問題は、あとの時代の人たちがこの分裂時代をどう処理したかです。

結局は北朝側が事実上の勝利を収め、また実際、以後の歴代天皇も全員が北朝系の人なので、そうした意味では北朝のほうが主流であり、南朝は反主流の、一時期、家を飛び出していた人たち、というふうにとらえることもできるでしょう。統一直後の認識はそうであったようですし、そもそも、京都は基本的にずっと北朝が治めていましたから、そこに残されている文献資料もほとんどが北朝方の人が書いたもので、南朝のことはあまり取り上げられていません。

南北朝時代というのは、室町時代の初期に相当します。室町幕府は北朝側に作られた幕府でしたから、幕府の正式な歴史認識としても、自分たちの側である北朝を中心に考えていたのは、当然といえば当然のことでした。この傾向は江戸幕府が創設されても変わりません。

ところが、儒教というやっかいな思想を信奉する人たちが、問題をややこしくしていきます。林羅山《はやしらざん》という学者がいます。若いときに徳川家康によって政治顧問として召し抱えられ、以後、四代将軍徳川家綱《いえつな》の治世にいたるまで健在で、幕府の文教行政に大きな足跡を遺しました。彼は将軍の命令で、漢文による日本通史を編纂します。彼の死後、息子（林鵞峯《がほう》）によって完成された『本朝通鑑《ほんちょうつがん》』です。そのなかでは、北朝よりも南朝に好意的な書き方がなされ、年号の記載なども、南朝側のものを上にする併記方法でした。

これは、室町時代なら考えられないことです。その理由はいくつか考えられますが、一つには、徳川家が新田《にった》家の分家を名のっていたことも作用しているのでしょう。新田義貞《よしさだ》といえば、南朝の忠臣として足利尊氏と戦った武将でした。足利尊氏は知ってのとおり、北朝を擁立して室町幕府を創設した人物です。徳川将軍家がその新田一族の末裔《まつえい》であるということになれば、当然、足利氏よりも新田氏のほうを褒《ほ》め称《たた》えなければならなくなります。おそらく、御用学者たる林羅山は、将軍家の機嫌をとるためにも、南朝を尊重したかたちの歴史書を編纂したのでしょう。

それだけが理由ではないでしょうが、ともかく、室町時代なら将軍に対してそうは言えない歴史認識が、江戸幕府ではお抱えの学者によって書かれました。これは南朝の復活と評することができます。

ついで、前に紹介した徳川光圀の『大日本史』や、新井白石の『読史余論《とくしよろん》』が登場し、さらに過激な主張を展開します。すなわち、南朝こそが正しい朝廷で、京都にあった北朝は室町幕府の傀儡《かいらい》にすぎないから意味がない、というものです。「日本は古来、天皇が治めるのが正しい姿」とする彼らの歴史認識からすれば、天皇が自分で政権を握っていた南朝のほうが、幕府の将軍に政治を任せきりにしていた北朝よりも、はるかに本来のあり方に近いことになります。特に『大日本史』では、明確に「南朝こそ正統である」とする立場が説かれ、そのことがこの本の特長であるとして、書き手たちによって宣伝されることになります。つまり、林羅山のような歴史認識ですら手ぬるい、というのが彼らの主張でした。

かくして頼山陽の時代に至ると、『日本外史』は、南朝に思いっきり肩入れします。新田義貞や、同じく南朝に仕えた楠木正成《くすのきまさしげ》は、すばらしい忠臣、英雄として褒めそやされ、一方、足利尊氏《あしかがたかうじ》とその一派は、天皇に逆らった悪者として描かれます。

ひとり頼山陽のみではありません。彼のころには尊王思想と南朝正統史観とが一体化してきており、文学作品の世界でも社会通念化していきました。山陽の同世代に、『南総里見八犬伝』で有名な滝沢馬琴《たきざわばきん》がいますが、彼なども南朝を褒め称える小説を書いていいます（詳しくは『足利義満　消された日本国王』〈光文社新書〉に書きましたので、興味のある人は見てください）。

K　忠君愛国と民主主義教育

足利義満《よしみつ》というのは気の毒な人です。南北朝の分裂に終止符を打って「日本」の再統一をなしとげたのですから、本来なら尊敬されてしかるべきでしょう。ところが、彼が南朝・北朝を問わず天皇家の人たちに対してとった態度が、臣下として怪《け》しからんというので、かつては非難囂々《ごうごう》だった人物なのです。この歴史認識こそ、何度も言うようですが、江戸時代の後半に浸透し、明治維新の原動力となり、明治国家の教育規範となったものでした。

歴史上の人物のなかで、義満や、後醍醐《ごだいご》天皇をうらぎって北朝を創建した彼の祖父の足利尊氏のような人物を批判し、天皇に忠誠を尽くして日本国を護り抜こうとする帝国臣民《しんみん》を教育する、それが明治時代に設計された忠君愛国《ちゆうくんあいこく》教育の目的でした。そこでは子供たちひとりひとりの個性や人格はまったく尊重されず、すべてが「お国のため」を向いていました。

当時は学校で歴史の時間に、日本という国の成り立ちとして、『古事記』や『日本書紀』に書かれている伝承が教えられていました。いわゆる建国神話です。

そう、神話なのです。神話というのはふつう、歴史的事実とはちがう、実際にはなかったお話ということを意味しますよね。ギリシャ神話やゲルマン神話というのは、それぞれの民族で長いあいだ語り継がれてきた、大昔に活躍した神々のお話で、いずれも歴史的事実ではありません。日本の神話も同じです。しかし、それがあたかも事実であったかのように、学校の歴史の時間に教えられていたのです。

なぜそうだったかといえば、それは日本が昔からずっと天皇を君主として戴《いただ》く国柄《くにがら》(=国体)であるということを、子供たちに教え込むためでした。君のおじいちゃんたちは、小学校でそういう「歴史」を教わっていたのです。でも、戦争で負けると、GHQ(連合国軍最高司令官総司令部)から「そういう偏《かたよ》った教育が日本の軍国主義の原因になっていた」として批判され、神話は学校教育から排除されました。日本の歴史は、神話からではなく、石器時代の人々の暮らしから始まるようになりました。こちらのほうが歴史的事実であることは言うまでもありません。

天皇は、西暦四世紀や五世紀のヤマト政権の成立のなかで、その君主としてようやく登場するようになります。ただし、その時点ではまだ天皇ではなく、「大王《おおきみ》」と呼ばれます。当時、まだ天皇という称号はなく、大王と呼ばれていたからです。そして、くどいようですが、これが歴史的事実です。僕はその事実を尊重する立場です。

しかし、だからといって、日本神話のことを君たちが一切知らなくてもよいのでしょうか？

『古事記』『日本書紀』成立以来、昔の人たちはみんな、この神話を「歴史的事実」だと思いこんで生活し、ものを考えていました。たとえば、平安時代の人の行動を理解するには、彼（彼女）がこの日本神話を信じていたということを、きちんとふまえておくことが必要です。つまり、歴史的事実としての平安時代を知るためには、歴史的事実ではない日本神話を知っておく必要があるのです。

まわりくどくてわかりにくいかもしれませんね。僕が言いたいことは、「日本神話は歴史的事実ではない。でも、昔の人たちのことを理解するには、私たちも知っておかなければならない」ということです。

そこで、次の章では、日本の歴史を石器時代からではなく、神話から語りはじめます。そうすることで、この神話が実際の歴史にどのように作用したか、言い換えれば、神話が存在したことによって日本の歴史がどうなっていったかを、具体的に話せると思うからです。

頼山陽は日本神話を前提にしたうえで、『日本外史』において武士の時代を描きました。すでに紹介したように、彼は武士の時代を、日本の本来の国柄からそれてしまっている時代として描いたのです。この本が幕末に広く読まれたことによって、多くの武士たちが日本の本来の姿（と頼山陽が考えたもの）を取り戻すための運動、尊王攘夷運動に身を投じました。明治維新はこうした力があってはじめて成就したのです。

また、さっきも述べたとおり、この神話を教え込まれた人たちは、「皇軍《こうぐん》（＝天皇陛下の軍隊）」の兵士として海外に遠征していきました。その結果の「あの戦争」だったのです。

僕たちが暮らす「今」につながる問題として、君たちも日本神話をきちんと知る必要があるのです。わかってもらえましたか？

♥ 心の章

A 紀元節神話とは

きょうは二月十一日、建国記念の日です。僕が小学校一年生のとき、ある先生が次のような「訓示」を垂れたことがあります。

「数年前に、建国記念の日という祝日が決められました。わたしたちは強く反対したのですが、だめでした。君たちに言っておきますが、この日付けにはなんの意味もありません。でたらめです。そのことをわかったうえで、学校を休んでください」

いま、僕も君たちに向かって、これと同じことを言おうと思います。

でも、けさの産経新聞に僕とは違う考え方による論説が載っていました。それは、建国記念の日に歴史的根拠はないかもしれないが、しかしこの日を定めた明治時代に思いを馳《は》せて、日本の来《こ》し方行《かたゆ》く末《すえ》を考える日にしよう、といった趣旨のものです。

これはこれで一つの見解ですが、大事なのは「建国記念の日に歴史的根拠はないかもしれないが」というところです。

そもそも明治時代から敗戦直後まで、この日は「紀元節《きげんせつ》」と呼ばれていました。日本国の誕生日という意味です。そして二月十一日を紀元節とすることは、一八七三年、すなわち明治六年に制定されました。それまで、日本国の誕生日は元日すなわち一月一日だとされてきました。ところがその前年から太陽暦が採用され、東アジア古来の暦による正月とのあいだにズレが生まれたのです。そこで、それまで一月一日になされていたこの誕生日の行事――といっても、幕末維新期になって創られた新しい伝統でしょうが――を、この日付けにずらして行うことにしたのです。(一八七三年には一月二十九日がそれまでの暦で元日にあたる日だったので紀元節とされました)

西暦紀元前六六〇年の正月元旦、神武《じんむ》天皇が即位なさいました。計算によると、一八七四年の元日は太陽暦では二月十一日にあたるということで、この日を紀元節として固定したのです。一八八九年のやはりこの日に大日本帝国憲法が発布されますが、これもわざわざ紀元節当日を選んだのです。明治天皇が、神武天皇に匹敵する偉大な天皇であることを印象づけようとする演出でしょう。

神武天皇は本名を神日本磐余彦尊《かむやまといわれひこのみこと》といい、宮崎県の生まれです。なぜ宮崎県で生まれたかというと、ひいおじいさんにあたる天津彦々火瓊々杵尊《あまつひこひこほのににぎのみこと》が、神々の住まう高天原《たかまがはら》から下界に降り、宮崎県の高千穂《たかちほ》に住まいを定めたからです。瓊々杵尊は祖母の天照大神《あまてらすおおみかみ》に命ぜられてそうしたのでした。これを「天孫降臨《てんそんこうりん》」といいます。そのときに、天照大神からありがたいお言葉を頂戴しました。「宝　祚　之　隆、当与天壌無窮者矣《あまつひつぎのさかえまさむことまさにあめつちときわまりなけむ》」(『日本書紀』)。漢字ばかりでわけがわからないかもしれませんが、わが一族が王として栄えることは、「天壌無窮《てんじょうむきゅう》」、つまり天地のように終わりがないだろう、という意味です。

瓊々杵尊《ににぎのみこと》は、『神皇正統記《じんのうしょうとうき》』という本によると、三〇万八五三三年にわたって天下を治めたそうです。僕のように四十五歳にしてすでに老《ふ》けてきている者には、三〇万年も生きるということが見当もつきませんが、神様なので三〇万年くらいは平気だったのでしょう。

瓊々杵尊の二人の子が、有名な海幸彦《うみさちひこ》・山幸彦《やまさちひこ》です。その名のとおり二人は海と山とを、おのおの領分としていました。ある時、兄弟で狩と漁をする場所を交換しようということになりましたが、弟の山幸彦は兄から預かった大事な釣り針を魚に喰われてなくしてしまいます。兄にそのことをなじられ、困った山幸彦を助けてくれたのが、海神の娘の豊玉姫《とよたまひめ》でした。こうして二人は結ばれ、海幸彦を倒して父瓊々杵の後を嗣《つ》ぎました。ところが、豊玉姫は実は龍でした。お産のときにその姿を見られてしまったことを恥じて、姫は海に帰ってしまいます。かあさんに家から出て行かれたら、僕なら悲しくてすぐに死んでしまうでしょうが、さすが神様、そんなつらい目にあっても、六三万七八九二年間、この国を治めたそうです。正式にはその名を、彦火々出《ひこほほで》見尊《みのみこと》といいます。

彦火々出見と豊玉のあいだの息子を、鸕鷀草葺不合尊《うがやふきあえずのみこと》と申します。この方は八三万六〇四三年間、この国を治めたそうで、これは最長記録です。

その四男にあたるのが、神日本磐余彦《かむやまといわれひこ》です。「神武《じんむ》」というのは、ずっとのちになって、中国の皇帝みたいな称号を歴代の天皇全員につけようということでついた名前です。でも普通、天皇の名はこの漢風諡号《かんふうしごう》で呼ぶので、この本でも以下そうします。

ある時、神武はハタと気づきました。「ひいおじいちゃんが高天原からやって来て以来、自分たちが住んでいるのは、この国のなかではずいぶん西に偏った場所じゃなかろうか」と。本当のまん中はヤマトの地で、そこにこそ都を置くべきだろうと考えたのです。そして、そのことをお兄さんたちも含めて、一族・家来たちに諮《はか》ります。そうして「東征《とうせい》」することに衆議一致しました。

同じ国のなかなのに、なんでまた征服の「征」なんぞという物騒なことばで表現するのでしょうか。でも、実際このあと、神武一行は苦難の道中を歩むことになります。特にヤマトの地には長髄彦《ながすねひこ》という者がおり、神武とは別に、高天原から来た神の子孫を擁立していました。そして、神武の軍隊に激しく抵抗します。この様子を高天原にあって眺めていたのが天照大神でした。――さすが高天原の神様だけに、不老不死なのでしょう。孫の瓊々杵尊が地上に降ってから、すでに一七八万二四六八年が経過しています。

ともかく、天照大神の計らいでヤタガラスが神武の軍隊を先導し、長髄彦を打ち破ります。日本サッカーのナショナルチームの徽章《きしょう》は、このヤタガラスをあしらっています。

かくして、神武天皇はヤマトすなわち大和の橿原《かしはら》に都を定め、初代の天皇に即位しました。これが日本の国の始まりです。ところが、なんということでしょう、こんなにすばらしい功績をあげた神武天皇は、在位わずか七十六年で崩御《ほうぎょ》してしまいます。

いいですか、お父さんの鸕鷀《うが》草葺不合尊《やふきあえずのみこと》のように「七十六万年」ではないのですよ。以後も、神武の息子の第二代の綏靖《すいぜい》天皇は在位三十三年、孫の第三代安寧《あんねい》天皇は在位三十八年と、短命の天皇が続きます。

短命もさることながら、父親が若い時の生まれなのも興味深いことです。神武天皇は四男ですが、それにしても、五十一歳で父親を亡くしたということですから、鸕鷀《うが》草葺不合尊《やふきあえずのみこと》が少なくとも八三万六〇〇〇歳を過ぎてからの子どもかと思われます。ところが、綏靖《すいぜい》天皇は神武天皇が八十歳くらいの時のお子さんですし、安寧《あんねい》天皇は綏靖天皇が六十五歳ころのお子さんです。まあ、その年齢でも、われわれ凡人に比べれば充分年がいってからの子どもということになりますが。

以後、ずっと子どもがそれぞれの後を嗣《つ》いで、第十二代の景行《けいこう》天皇にいたります。

2　宗教が語る日本古代史

さて君はまさか、昨日の話を真《ま》に受けてはいないでしょうね。

紀元節をまともに祝おうとする人たちは、「神武天皇が日向《ひむか》の国から東征してきて……」と信じているのかもしれませんが、これはもちろんまがうかたなき宗教です。

西暦で、「神が人の子の姿をとって下界に現れてから二千何年め」と考えるのと一緒です。でも宗教ですから、信じたい人、信じられる人は信じればいいのであって、他人が余計なお節介を焼く必要はないでしょう。天の神の子孫がどうして人間になったのかとか、八十万歳で子供ができるのかとか、なんで突然寿命が短くなったのかとかいった、「合理的」な質問はすべて無用です。テルトリアヌスという西洋の思想家は言っています。「不合理なるがゆえに我信ず」と。

いや、なにも西洋人を引き合いに出すまでもありません。十八世紀に活躍した本居《もとおり》宣長《のりなが》という学者は、「惟神《かむながら》」ということを言いました。とやかく理屈をふりかざして合理的に説明しようとする連中に対して、「神様のことは神様のことで、我々凡人には計り知れないのだ」と。古い記録にそう書いてある以上、それを信じましょう、それが宗教というものです。

この、宗教が語る日本の古代史を続けましょう。

第十二代の景行天皇には何人かの皇子がいました。なかでも日本武尊《やまとたけるのみこと》と呼ばれる皇子は武勇にすぐれ、九州にいて天皇に逆らっていた熊襲《くまそ》を、単身で征伐します。熊襲の土地は、神武の出身地だった日向のすぐそばなのですが、何百年か経って様子が変わったのでしょう。そのあと、今度は東方遠征に出かけ、こちらでも大きな功績をあげますが、最後は傲岸不遜な態度を山の神に咎《とが》められ、命を落としてしまいます。そのため、皇位は弟の成務《せいむ》天皇が嗣ぎました。

しかし日本武尊への敬意と思慕が人々にあったからでしょうか、成務は跡継ぎに日本武尊の息子を選びます。仲哀《ちゅうあい》天皇です。ここにはじめて、親子関係にない者のあいだで皇位が継承されます。そしてこのあと、親子ではなく兄弟間やいとこの間、時にはずいぶん遠縁の人物にと、皇位継承の原理が変わります。

そこで、歴史学者は早くから、「神武以来の直系相続は、ずっとのちになってから考案された作り話」とみなしてきました。つまり、神武天皇は架空の人物だということです。僕もそうだと思います。でも、いまでも宮中では神武天皇を初代とするお祭りが行われていますし、対外的にも日本政府は神武天皇を初代の王であると称しています。もちろん、そのご先祖が天照大神であることも含めてでしょう。その意味では、「神の代理人」として聖ペテロ以来の伝統を持つと自称している、バチカン市国と変わりありませんね。バチカンの王様とは、ローマ教皇のことです。

せっかく皇位を継いだ仲哀天皇でしたが、神のお告げを信じなかったために急死します。神のお告げとは、「海の向こうにも陸地がある。宝の国だ。そこを征服せよ」というものでした。在位たった九年、ここまでの最短記録です。

この非常事態に即位したのが、神功《じんぐう》皇后と呼ばれる方です。いまでは天皇代数に数えていませんが、江戸時代までは「第十五代」として算入していました。その意味では、史上初の女帝です。彼女は仲哀の子を身ごもっていましたが、神のお告げを実現するため、しばらく分娩しなくてすむ祈りをしてから、海の向こうを征伐に出かけました。海の向こうにあったのは三韓《さんかん》の国、すなわち朝鮮半島です。その国の王は彼女の勢威に懼《おそ》れをなして、服属を誓いました。以後、朝鮮半島にある国々は、日本国に貢《みつ》ぎ物を持ってやってくる定めとなったのです。

話の途中ですが、誤解のないように言っておきますと、僕は日本のほうが韓国よりエラいということの「宗教」を信じていません。ただ、建国にまつわるそういうお話があるから紹介しているのです。

九州に戻ってきた神功は、無事男の子を出産します。ところが、別の女性が生んだ仲哀の皇子たちがヤマトにあって、謀反《むほん》を企てます。この宗教ではそう解釈しますが、僕は、もしこのモデルになるような史実があったとすれば、実情はこれと逆で、本来は王になるべきだった皇子たちに対して、継母の神功側が反逆したのだと理解しています。さらに、この構図、すなわち九州の軍勢がヤマトの土着勢力を討伐するというのが、神武東征の焼き直しなのも気になるところです。神功の東征こそ、神武東征の本来のモデルだとして、両者を同じ史実の二通りの伝承とみなす人もいます。さらに、神功自身、どうも卑弥呼《ひみこ》をモデルにして造形されたらしいところから、この事件は邪馬台国《やまたいこく》の東方進出と結びつけられたりもします。

ともかく、神功母子は敵を打ち破ってヤマトを制圧します。そして、彼女の死後、その子が即位します。応神《おうじん》天皇です。水戸藩の『大日本史』は、神功皇后の即位を認めず天皇代数からはずしました。これは前に紹介した「南朝が正統」というのと並ぶ、『大日本史』の三大特色の一つです（もう一つは、後日登場する大友皇子《おおとものみこ》の即位認定です）。以後いまにいたるまで、神功皇后は単に皇后であって女帝ではないとされています。

というわけで、応神天皇を「第十六代」と呼ぶべきか、「第十五代」とすべきか迷うところですが、この天皇くらいから、この「宗教的」な記録は史実に近づいてきます。人によっては、応神天皇こそ、ヤマト政権の最初の実在の大王だろうとしています。あるいは、東征伝承をふまえて、それ以前からヤマトにあった崇神《すじん》天皇の系統の王権を一掃し、これに代わった征服者だったのではないかとも言われています。このあたりから、この「宗教」が伝える古い記録に、皇位をめぐる血生臭《ちなまぐさ》いドロドロした争いが描かれるようになって、にわかに人間らしく（?）なってくるのも、かなりの程度、歴史的事実を反映しているからだろうと推測されています。

たしかに、天孫降臨から神功皇后の三韓征伐までの神話的なお話と、応神天皇以降のヤマト政権での政治的な事件記述との間には、伝承内容に質的な断絶があるように思えます。こうしていいよ、やがて「日本」を名乗る国家組織が姿を見せ始めます。

3 『古事記』も漢字で書かれている

今日は中国からお客さんが来て、一緒に昼食をとりました。招聘《しょうへい》したのは東京大学史料編纂所《しりょうへんさんじょ》のKさんなので、彼も一緒でした。（ごちそうさまでした！）

Kさんたちの業務は、日本の歴史の年代記の編纂です。『大日本史料』といいます。その「第一編」は、平安時代の宇多《うだ》天皇から始まっています。なぜだかわかりますか？

理由は、平安時代で編纂事業の途絶えた「六国史《りっこくし》」の続きだからです。六国史は、中学校ではまだ教わっていないでしょうが、高校の日本史の教科書にはちゃんと載っています。引用させてもらいましょう。

『日本書紀』をはじめとして朝廷による歴史編纂は平安時代に引き継がれ、『続《しょく》日本紀《にほんぎ》』『日本後紀《にほんこうき》』『続日本後紀《しょくにほんこうき》』『日本文徳天皇実録《にほんもんとくてんのうじつろく》』『日本三代実録《にほんさんだいじつろく》』の六つの漢文正史が編纂された。これらを「六国史」と総称する。

この引用は、高校教科書の『詳説日本史B』(山川出版社、二〇〇六年文部科学省検定版)からのものです。以後、高校日本史の教科書から引用する場合、ここから引用します(ちなみに巻末に著作者として十二人の名前があがっていますが、僕はこのうち八名の先生と知り合いです、なーんて自慢話してどうするんだって)。

さて、先の引用文は『日本書紀』についての記述に付けられた脚注の後半部分です。七二〇年に完成した『日本書紀』が、「中国の体裁にならい漢文の編年体で書かれている」ことの補足説明です。この際、注の前半も引用しておきましょう。

神話・伝承や「帝紀《ていき》」「旧辞《きゅうじ》」などをふくめて、神代から持統天皇にいたるまでの歴史を天皇中心にしるしている。なかには中国の古典や編纂時点の法令によって文章を作成した部分もあることから十分な検討が必要であるが、古代史の貴重な史料である。

「帝紀」と「旧辞」というのは、その前に『古事記』の説明文中で紹介されている用語です。ふつう、前者は天皇（正確、厳密には「大王」たち）の年代記、後者はヤマト政権の氏族たちに伝わっていた記録のことだとされています。右の本文のほうで「中国の体裁にならい」とあるのは、そうではない形式の『古事記』との比較から出てきた表現でしょう。前にも書きましたが、当時の通常の感覚では、「中国（という外国で流行している異質の文化）」ではなく、「国際基準（グローバル・スタンダード）」に合わせた「体裁」だったはずです。

『古事記』と『日本書紀』は、いまではふつうこの順序で呼びますし、歴史の教科書でもこの順番で登場しますね。たしかに、成立年代からしても、『古事記』のほうがわずかではありますが、八年前に完成しています。しかしそもそも、なぜ同じ時期に、同じような資料（「帝紀」「旧辞」）にもとづいて、二種類の史書が編纂されなければならなかったのでしょうか。

両者は文体が異なります。教科書の表現を借りれば、『古事記』のほうは「口頭の日本語を漢字の音・訓を用いて表記している」のです。これに対して、『日本書紀』は当時の国際共通語である「漢文」で書かれました。そして、十八世紀の本居宣長以来、このことをもって、『古事記』のほうが日本古来の伝承をそのままの形で正しく伝えている、とみなされてきました。漢文で書くと、「中国の古典や編纂時点の法令によって文章を作成」してしまって、その当時の姿からずれているおそれがあるからです。

たしかにそうかもしれません。五～六世紀のヤマト政権で、大王や豪族たちが、『日本書紀』に記載されているような中国語で、政治について話していたわけではないでしょうから。本居宣長のような注釈者たちの努力によって読み下した『古事記』のような古代日本語で、たぶん彼らは話をしていたはずです。

でも、待ってくださいよ。『古事記』って、日本語で書かれていると思います？

少なくとも、平安時代の「かな文学」、つまり前に紹介した『栄花物語《えいがものがたり》』や『大鏡《おおかがみ》』とはまったく異なる表現形式で書かれています。『古事記』編纂当時、まだ「かな」は発明されていません。そのため、全文が漢字で書かれているのです。

『万葉集』が「万葉がな」によって書かれていることは、教科書にも記載されていますが、『古事記』については「漢字の音・訓を用いて表記」とあるだけです。この表現は、さっきも言ったように、『日本書紀』がきっちりした漢文なのに対して、それとの差異を際《きわ》だたせるために付された説明であるわけですが、でも、実際には『古事記』だって「漢文」なのです。『日本書紀』が、いちおう中国の人にも読んでわかる漢文なのに対して、『古事記』は、日本語文法がわからない人には判読不能な「漢文」である、という違いがあるだけです。

平安時代、「かな文学」隆盛の時代にも、公家の日記は「漢文」でした。だからこそ、ほら、『土佐日記《とさにっき》』の冒頭には、「男もすなる日記《にき》といふものを女もしてみむとてするなり」と書いてあるのです。でも公家たちの「漢文」には、中国の人が読んだら面食らうような表現や用字法が頻出します。和風漢文と呼ばれる所以《ゆえん》です。

いえいえ、平安時代だけにとどまりません。ずっと時代が下って、戦国時代の大名たちが発給した文書類も、その多くはかなをまじえず、漢字だけで書かれています。でもここまで来ると、もう「中国語」とはとうてい呼べないしろものです。『大日本史料』を見ると、中に引用されている史料の多くは「漢文」です。君らが歴史の教科書で見る史料は、その多くが、これら「漢文」を書き下し文に直したかたちで引用・紹介されています。ちょうど、僕が前に頼山陽の『日本外史』をそうやって紹介したように。でも、それは研究者が、それら中国人の眼から見て変てこな漢文を書き下し文にする努力をしたおかげで、そう読めているということなのです。

4 本居宣長の言い分

きょう二月十四日はバレンタインデーでした。チョコレートをありがとう。義理でも嬉しいです。うちのテレビの上にある日めくりカレンダーは特別な日を、日・英・中・韓の各国語でどう表記するか列記してありますね。きょうのを見ましたか。日本語はもちろん「バレンタインデー」です。英語はその英語綴り、韓国語はハングル文字による同じ音、ところが中国語は……「情人節」です。「節」は「(何々の)日」を表す漢字で、日本でも戦前は「紀元節」があったという話はしましたね。節の前についている「情人」は、日本語だとちょっとドキッとするような言葉ですが、中国語ではふつうに「恋人」の意味です。ついでにいえば、「愛人」は「妻」の意味ですから、君のかあさんは僕のれっきとした「愛人」です！（って力んで言うことでもないですか）。

それはさておき、今から二百五十年ほど昔、伊勢神宮の近く、松坂の町に本居宣長《もとおりのりなが》という名の医者がおりました。彼は家業のかたわら和歌の実作をたしなみ、その趣味が昂《こう》じて日本の古典を読みふけるようになりました。たまたま松坂を通りがかった賀《か》茂真淵《ものまぶち》という有名な学者に会いにいき、その弟子を名乗るようになります。やがて『源氏物語』全文に注釈を施すという大事業をなしとげ、ついには難解な『古事記』に挑むようになりました。かなで書かれた『源氏物語』とちがい、『古事記』は、まず本文を日本語としてどう読み下すのかが一大難関です。しかし、抜群の勘とたゆまぬ精進《しょうじん》により、彼はついにこの前人未到の偉業を成し遂げます。現代においてもなお、彼による『源氏物語』や『古事記』の注解は、古典として権威を保っているのです。

本居宣長が『古事記伝』を著すまで、一般には『日本書紀』のほうが格が上でした。なぜなら、『日本書紀』は変な和風漢文ではなく、きちんとした漢文で書かれているからです。江戸時代に『本朝通鑑《ほんちょうつがん》』や『大日本史』や『日本外史』が漢文で書かれたのも、やはりそのためです。『日本外史』にいたっては、幕末の教育現場で広く利用され、いうならば高校生向けの日本史教科書の役割を担っていました。どうです、想像してみて下さい。君たちの歴史の教科書が漢文で書かれていることを。

いいえ、ちがいました。前に述べたように、当時の漢文はいまでいえば英語です。そう、もし教科書が全部英語で書かれていたら……？

ちょっと話がわき道にそれますが、安政条約による開国後、日本人が西洋の学問を身につけるにあたって、このことは有利にはたらいたと思います。それまで漢文という外国語もどきで学習していたことを、英語やドイツ語に置き換えるだけでよかったのですから。実際、語順が似ていることもあって、英語の学習にあたって、漢文と同じ返り点をつけて読んだりもしたようです。幕末の学者はみな漢文が書けました。彼らがすぐに英語やドイツ語でも文章を書けるようになったのも、そのおかげでしょう。幕末だけでなく、明治になってからも、たとえば有名な森鷗外《もりおうがい》や夏目《なつめ》漱石《そうせき》は、ドイツ語や英語を学習する前に、しっかりとした漢文教育を受けていました。

さて、本居宣長が『古事記』や『源氏物語』のような日本の古典において重視したのが、「情」でした。『古事記』には古代の神々や人間たちの真実の情が、そのまま描かれています。『源氏物語』は「もののあはれ」を書き記した小説です。だから尊いというのです。

これらは中国伝来の思想、特に儒教によって潤色《じゆんしよく》された考え方に染まらない、純粋な日本の思想であるとされました。「からごころ」に対する「やまとごころ」です。『日本書紀』は新来の儒教思想によって中身が書き直されています。それは単に中身の問題でなく、そもそも漢文という外来の表現方法、本来の日本にはなかった技術を用いている以上、逃れることのできない事柄だったのだと宣長は言います。そして、古代の人々のものの考え方や感じ方、すなわち情を知るためには、『古事記』をもとの音声言語によって、すなわち漢字表記されたものとしてではなく、古代日本語の発音によって読み解いていく必要があると主張したのでした。

これは一面では、まことにもっともな主張です。今でも学術的に、この宣長の流儀で日本古典の研究が進められているのも、このやり方が正しいと思われているからでしょう。日本の古典は日本語で発想されたはずなのだから、たとえ漢文で書かれていても日本語として読むべし、という見識です。日本史の教科書に、もともと漢文で書かれている史料をすべて読み下しに直して紹介するのも、そうした意図からでしょう。漢字は所詮借り物であって、かなでも表記できる以上、かなを混ぜて表記したほうが「日本語らしい」というわけです。

でも、ほんとにそうでしょうか？

僕には何が正しいのかよくわかりません。日本は中国ではないのですから、日本人が書いた文章は、たとえ漢文であっても日本語として読むべきだ、というのはたしかに一理あります。でもその文章は、実は漢字の羅列《られつ》なのであって、どう読むべきかという指示が最初からあるわけではありません。「日本語として読む」というその読み方は、読む側の一つの解釈にすぎないのです。そもそも、何が正しいか、という問題の立てかた自体がまちがっている気もします。これ以上むずかしい話はやめにして、一つだけ強調しておきます。

それは漢字の持つ造語能力です。

バレンタインデーが、中国語では「情人節」。すばらしいことばだと思いませんか？　きょうの語源になったカトリックの聖人の名前は、もうどこにも見えません。でも、いま僕たちがチョコレートのやりとりをして一喜一憂しているのは、なにもこの聖人を祝うためではなくて、単に「恋人たちのための日」だからです。八世紀のヤマト政権にいた「史料編纂所の先生」は、このすばらしい能力に目をつけて「日本国」の歴史を綴《つづ》りました。十八世紀の伊勢の学者は、そうした行為が日本の純粋さを汚《けが》したのだと憤《いきどお》りました。さあ、どっちに与《くみ》するか、あとの判断は君たちにお任せします。

5 史料の見方

そもそも、前回までのお話は『大日本史料』から始まったのです。なぜ、『大日本史料』が六国史のあとを受けているのか。それは、『大日本史料』編纂事業が、「六国史」につづく正史《せいし》として始まったからです。六国史の最後、『日本三代実録』とは、清和《せいわ》・陽成《ようぜい》・光孝《こうこう》の「三代」の天皇の時代の記録でした。醍醐《だいご》天皇のときに作られ、西暦でいうと、偶然ですが十世紀が始まった九〇一年に完成しました。光孝と醍醐のあいだに即位していたのが宇多天皇です。

その後、六国史を継ぐ正史は編纂されませんでした（だからまとめて「六国史」と呼ぶわけで、もっとあったら「七国史」とか「八国史」ですね）。つまり、宇多天皇以降の正史はないのです。

たしかに、前にも紹介した、江戸幕府による『本朝通鑑』や、水戸藩の『大日本史』は、六国史のあとの時代も含めた史書として構想・編纂されました。江戸時代の人たちは、たぶんそれでもう事は済んだと思っていたはずです。

ところが、明治維新が起こります。明治政府は王政復古をスローガンに掲げ、かつての天皇親政の時代、つまり摂関政治や幕府がない時代に戻すことをめざしました。それが嘘っぱちなのは前に述べたとおりですが、これは「かけ声」(スローガン)としては重要でした。そういう観点から見るならば、

「そういえば、宇多天皇以降の正史がまだ編纂されていないじゃないか!」

『大日本史料』編纂という大事業は、こうして始まりました。

実際にはもっと複雑な経緯があるのですが、とりあえず君には、そう説明しておきます。正確なことが知りたかったら、大学で歴史学を専攻しなさい。

『大日本史料』は、さまざまな史料、たとえば公家の日記、寺社の記録、旧家の文書などなどを年代順に排列し、同日の記事については同じ事項ごとにまとめ、その事項ごとに最初に見出しを付けるという形になっています。明治時代に定められた規則ど

おりに今も編纂されているので、すこぶる古風で、「これぞ正史編纂！」という感じです。全文が電子データ化されつつあるので、検索してみるとおもしろいですよ。

ですから、形のうえでは六国史の継承事業だとはいっても、その方法はだいぶ異なっています。まずもって、見出し記事が「漢文」ではありません。最初から「読み下し」ふうの文体です。一つだけ例示しましょう。


北条時政、京都ノ情況、及ビ義経ノ妾静《しょうしずか》ヲ鞠問《きくもん》セシ状《じょう》ヲ頼朝ニ報ズ。（四編之一、三二頁）

これは一一八〇年十二月十五日の記事で、もとの史料は例の『吾妻鏡《あずまかがみ》』です。前に述べたように、『吾妻鏡』自体が鎌倉幕府に仕えていた官僚による編纂物であり、一次史料ではありません。でも、それらの史料はいまではほとんど残っていないので、こうして『大日本史料』の重要な材料として使われるのです。

ちなみに、『吾妻鏡』は僕が中学生のときに、その書き下し文の新装普及版が出たので、刊行されるたびに、父（君のおじいちゃんです）に一巻ずつ持ち帰ってもらっ

「僕」が少年時代に入手した『吾妻鏡』

た思い出があります。源頼朝の伊豆での旗揚げから始まる第一冊は、読み通したはずですが、三冊めあたりからは読まずじまいでした。『吾妻鏡』は、二〇〇七年からついに全文現代語訳が刊行されはじめました。漢文や書き下し文ではなく、今や現代語訳で味わう時代になったのです。でもそのせいで、僕みたいなちょっと変わった中学生がいなくなるのは、寂しいかぎりですね。

『吾妻鏡』に書かれているのは、鎌倉幕府の歴史です。そのもとになったのは、『吾妻鏡』編纂者の先祖にあたるような公家出自の幕府官僚がつけていた記録のほか、京都の公家たちの日記や寺社の文書だったとされています。すでに文字になっていたこれらの多くが「漢文」でした。

今ではそれらの史料はまったく消滅してしまいましたが、『古事記』『日本書紀』編纂の材料になったという「帝紀」「旧辞」も、『吾妻鏡』みたいな感じのものだったのでしょうか。かながまだ発明されていない以上、書記形態は「漢文」だったはずです。それは決して本居宣長が言うような意味での、古代日本語として書かれていたわけではないでしょう。

『吾妻鏡』において、武士の家に伝わる口頭での伝承は、もちろん日本語だったでしょうが（それも関東訛りの？）、『吾妻鏡』に記録されるにあたっては、「漢文」に直されました。「旧辞」というのはもともとこれと同じようなもの、すなわち豪族の家や神社に伝わる口頭伝承だったはずです。勝手な憶測をしてもあまり意味がありませんが、でも当時の状況を推測してみると、きっとそうだったことでしょう。それらを統合して書き言葉に直す際に、書き言葉ならではの潤色が施されたことでしょう。その点においては、量的にはともかく質的には、『古事記』も『日本書紀』もたいして違いはないと思います。

僕の知り合いで神野志隆光《こうのしたかみつ》さんという人が、二〇〇七年に『複数の「古代」』という本を出しました（講談社現代新書）。『古事記』や『日本書紀』に描かれている「古代」は、それらの編纂物が造り上げた「古代」なのであって、現代の歴史学者がそこから自分勝手に「これは史実」「これは単なる神話・伝説」という選別を行い、そうして選別された「史実」だけをつなぎあわせて「日本古代史」を語ることにどれほどの意味があるのか。僕なりに乱暴に要約するならば、神野志さんが主張しているのはそういうことです。方法的に原理的な問いとして、非常に奥深いものがあると僕は思います。

次回はこの問題とからめて、聖徳太子の話をしましょう。

6　聖徳太子の出自

聖徳太子、すなわち厩戸王《うまやどおう》は、西暦五七四年に用明《ようめい》天皇の皇子として生まれました。用明は現在の皇統譜では第三十一代、神功《じんぐう》皇后も数えれば第三十二代の「天皇」でした。もちろん、史実としては、当時まだ天皇号は使われていませんでしたが。用明のお父さんは欽明《きんめい》天皇という呼び名でした。

欽明の皇子・皇女からは、天皇に即位した人が四人も出ました。上から順に、敏《び》達《たつ》・用明・崇峻《すしゅん》・推古《すいこ》。最後の推古天皇は、日本で最初の女性天皇として有名ですね。『日本書紀』でも、神功皇后については天皇と同じあつかいをしていながら、「皇后」の語を用いており、正式の天皇とはしていません。推古天皇が最初の女帝なのです。

神功が仲哀《ちゆうあい》天皇の皇后だったように、実は推古も、もとは敏達天皇の皇后でした。そう、二人は同じ欽明天皇の子供ですから、兄と妹の関係になります。いまでは法律で結婚が禁じられている仲です。でも、このころは母親がちがえば兄と妹でも結婚が認められていました。というか、天皇家の血の純粋性を保つためには、むしろそれが奨励されていたようです。もちろん、個人どうしの恋愛感情から結婚するわけではありませんから、この兄と妹の婚約を取り仕切ったのは、二人の父親の欽明天皇だった可能性もあります。この夫婦だけではなく、聖徳太子の母親である穴穂部皇女《あなほべのみこ》も欽明天皇の娘でしたから、夫の用明天皇とは兄妹です。つまり、聖徳太子も兄と妹のカップルから生まれた皇子で、父方のおじいさんと母方のおじいさんは同じ人です。僕たち近代の人間には、想像のつきにくい親戚関係ですね。

その欽明天皇は聖徳太子が生まれるより前に亡くなりました。伯父の敏達天皇が亡くなったのは、五八五年のこととされています。そのあと、聖徳太子の父である用明天皇が即位しました。しかし、在位わずか二年で亡くなります。ちょうど、仏教を日本に歓迎するかどうかで国論が分裂しはじめた時期でした。用明が亡くなった直後、仏教導入派の蘇我馬子《そがのうまこ》は、排斥派の物部守屋《もののべのもりや》を攻め滅ぼします。そこには皇位継承争いも作用していたようです。

用明天皇のあとを嗣いだのは、聖徳太子にとっては二重の意味で叔父にあたる崇峻天皇でした。この人は穴穂部皇女と同じおかあさんから生まれています。しかし、馬子は崇峻天皇と対立し、ついに部下を使って天皇を暗殺してしまいます。五九二年のことでした。そして、次に即位したのが推古天皇です。

彼女は即位したときすでに三十九歳だったといいます。寿命の短いころですから、もう決して若くはありません（あ、もちろん君のかあさんは、四十歳を過ぎても若々しいですよ）。欽明の皇子たちが三人続いて天皇になったあと、その次の、欽明の孫の世代につなげるための中継ぎとして、馬子たちが擁立したということのようです。

この推古天皇を馬子とともに補佐して活躍したのが、聖徳太子だということになっています。『日本書紀』によると、推古即位の四カ月後、五九三年四月に聖徳太子は「皇太子」に立てられ、政治一切を取り仕切ったとあります。その翌年、推古は聖徳太子と蘇我馬子に、仏教を興隆させるように命令しました。以後、豪族たちがあいついで寺院を建立したとあります。高麗《こうらい》の僧・慧慈《えじ》や百済《くだら》の僧・慧聡《えそう》が日本にやってきて、仏教界のリーダーになりました。かくして聖徳太子と蘇我馬子の指導のもと、日

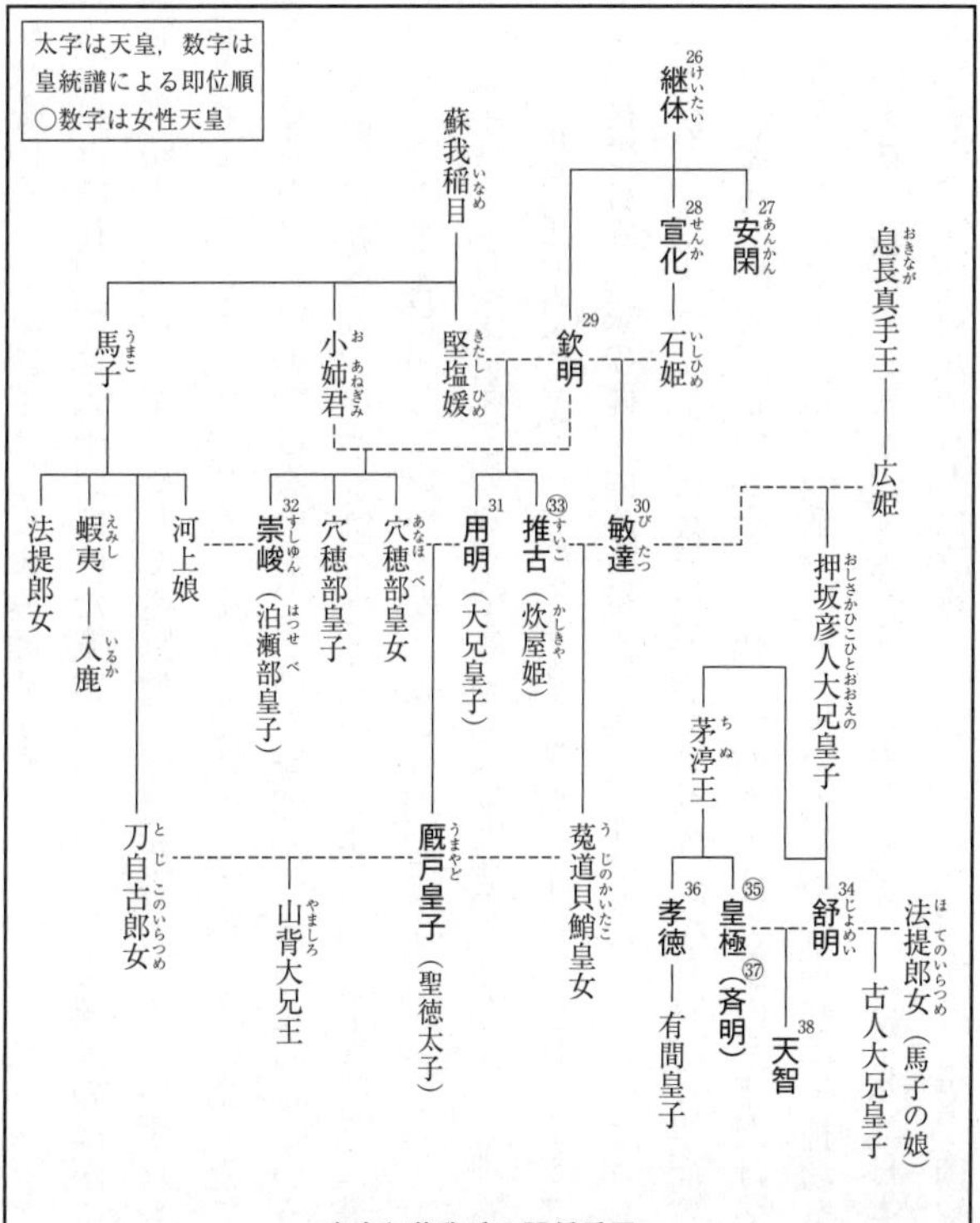

皇室と蘇我氏の関係系図

本は仏教を国教とする国家として歩み始めます。

推古天皇の時代、聖徳太子があげた業績といえば、仏教興隆のほかに、冠位十二階《かんいじゅうにかい》の制定、憲法十七条の執筆、そして遣隋使の派遣が有名です。いずれも『日本書紀』に記載されていることです。でも、それらは本当にこのときにあったことなのでしょうか？　そうではないのではないか、という疑問が、津田左右吉《つだそうきち》という学者によって百年近く前に提起され、いまも論争になっています。『日本書紀』に書いてあるからといって、そのまま信用していいのか、という問題です。

聖徳太子は、『日本書紀』のなかで際だった英雄の一人です。前に紹介した日本武尊《やまとたけるのみこと》や神功皇后もたしかに英雄ですが、聖徳太子は政治秩序をシステムとして構築し、以後の日本国家の礎《いしずえ》を固める役割を果たしました。

ところが、『古事記』のなかに彼は登場しません。それは『古事記』が推古天皇の時代までで記述を終え、しかもそこに載っているのは天皇の系譜だけで、事件の記事はなにもないからです。神代の話のあと、神武東征や日本武尊・神功皇后の活躍といった、国土統一戦争の記事が『古事記』の主題であるのに対し、『日本書紀』は聖徳太子の政治や、後で紹介する大化改新《たいかのかいしん》について詳しく記すことで、国家の制度が定められていく経緯を描いているのです。

7　論争の的としての「聖徳太子」

いま、このパソコンの脇に二冊の本があります。谷沢永一《たにざわえいいち》『聖徳太子はいなかった』（新潮新書）と田中英道《たなかひでみち》『聖徳太子虚構説を排す』（PHP研究所）で、どちらも二〇〇四年に刊行されました。

著者はおふたりとも日本古代史の専門家ではありません。谷沢氏は書誌学者ですし、田中氏は美術史家です。またそれゆえでしょうか、この二冊はいわゆる学術書でもありません。でもそんなお二人が、正反対の立場から相次いで本を出版するほどに、近年「聖徳太子」が論争の的になっています。このほかにも多くの論者がこのテーマの本を出しており、なかには僕も知っている東洋史の偉い先生もおられます。

本来の専門家ではない研究者たちをここまで巻き込むとは、さすが聖徳太子、なにしろ日本国の礎を築いた人として長く語り伝えられてきたのですから、そのイメージを崩すか守るかは、まさに世紀の攻防です。

最初に挙げた谷沢氏の本は、結論部でこう述べています。

聖徳太子の構想《イメージ》は、物《もの》および文《ぶん》の、それぞれ三点セットに脚《あし》をおく。第一、釈迦像、第二、薬師像、その光背に見る銘文は、はるかのちの世にきざまれた。繍《しゅう》帳《ちょう》に織られて現存するのは、わずか十二文字のみである。そこで『上宮聖徳法王帝説』がむかしに写しとったと称する、太子についての文言を写して補った。しかし『帝説』もまたのちの世の叙述である。物の三点セットは太子と関係がない。文の三点セットは、経典の注釈である。追いつめられた聖徳伝説が、これだけは、と爪を立てて守ろうとしてきた、代表作の『勝鬘経義疏』は、敦煌から出た『勝鬘義疏本義』と照らしあわせ、中国において著述されたものとわかった。以下おなじ。……（前掲書、二一二〜二一三頁）

法隆寺《ほうりゅうじ》に現存する仏像や、隣の中宮寺《ちゅうぐうじ》が蔵する天寿国繍帳《てんじゅこくしゅうちょう》、そして聖徳太子の著作とされてきた勝鬘《しょうまん》・法華《ほっけ》・維摩《ゆいま》の三経《さんぎょう》の義疏《ぎしょ》（義疏というのはお経の注釈書です）は、いずれも西暦七世紀初頭のものとはみなせない。したがって聖徳太子なる人物の活躍した証拠は何もない、というわけです。谷沢氏は、聖徳太子伝説を創り上げたのは、

『日本書紀』編纂に大きく関わった藤原不比等《ふひと》と、法隆寺を盛大ならしめた僧侶の行《ぎょう》信《しん》たちであったとしています。

一方、田中氏は、谷沢氏の本や、大山誠一氏の『〈聖徳太子〉の誕生』（吉川弘文館、一九九九年）を批判の対象として、「聖徳太子虚構説」の論破を試みます。その最大の物証が、二〇〇一年に公表された、法隆寺五重塔心柱《しんばしら》の木材伐採年代です。年輪測定から、それは五九四年であると発表されたのでした。つまりこれこそ、法隆寺は聖徳太子が生きていた当時すでに建てられていた、動かぬ証拠であるというわけです。

田中氏は、谷沢氏が主張する論点すべてにわたって、それらが必ずしもそのとおりではないと反論します。たとえば、「代表作の『勝鬘経義疏《しょうまんぎょうぎしょ》』は、敦煌《とんこう》から出た『勝鬘義疏本義《しょうまんぎしょほんぎ》』と照らしあわせ、中国において著述されたものとわかった」という点、これは藤枝晃《ふじえだあきら》という中国古文書学の大家が書いた一九七五年の論文によっているのですが、田中氏は藤枝説が「結論に至っていない」として、学界の定説ではないと指摘しています。氏の本の結論部の主張を聴きましょう。

今憲法改正が大きな課題となっているが、聖徳太子の十七条憲法は、まさしくその改正憲法の前文に掲載すべきだともいえるほど、すばらしい日本人の精神的規範を教えている。また、隋書に見られる《日出づる処の天子、書を日没する処の天子に致す。恙無きや》という言葉は、対等外交の象徴として現在の指針とすべきものであるし、『三経義疏』は、日本の仏教実践の書として、日本の思想の根本となるものといってよい。そして、法隆寺とその諸像は、いまや世界に誇るべき芸術作品としてオーラを放っている。（前掲書、二〇四頁）

さて、君はどっちの説が正しいと思う？

8　太子伝説擁護論への疑問

前回の問いかけに対して、もしすぐにどちらかを選ぼうとしたなら、残念ながら、それは君に歴史への感覚がないことの証明になってしまうでしょう。歴史は○か×かを選ぶクイズではないのです。対立する二つの見解があった場合、冷静に客観的に両者を見較べ、そこでいったい何が論点になっているのかをきちんと見きわめたうえで、判断しなければいけません。

きのうの二つの引用をよくよく読んでみると、その「論点」が微妙にズレていることに気づきます。

谷沢氏のほうは、長い間にわたって聖徳太子の業績と信じられてきた事柄が、確たる証拠がある話ではないあやふやなものであり、かつ、それらの伝承が登場する時期の政治的・社会的情勢を考えると、どうやらそうしたお話を創り上げた人たちがいたようだ、ということを言おうとしています。僕は、その実行犯をただちに不比等《ふひと》や行信《ぎょうしん》だと断定するのは危ないと思いますが、ある時期に伝承が登場してくるにはそれなりの理由がある、という考え方には共感を覚えます。

他方、田中氏の方はというと、「聖徳太子信仰」とでもいうべきものに貫かれています。たとえば、『法華義疏《ほっけぎしょ》』について、「書体からも、文体からも七世紀のものであって、太子以外の著者はほとんど考えられない。つまり、聖徳太子がいた、のである」（一四九頁）と述べているのですが、七世紀の作だとすると、どうしてただちに「太子以外の著者はほとんど考えられない」ことになるのか、なにも説明はありません。

別の箇所では、法隆寺が世界の文化遺産のなかでも三本の指にはいると評していますが、それは田中氏の個人的感慨以上のものではないでしょう。僕は、同じく世界遺産指定の寺院でも、東大寺や東寺《とうじ》のほうを推しますが、まあそんなのは水掛け論にすぎません。田中氏は、七世紀の建立という法隆寺の古さを強調しますが、焼けなかったのは確かにめでたいことながら、それは斑鳩《いかるが》という片田舎にあったので、戦乱に巻き込まれなかったための幸運にすぎません（昭和の大戦争でも無事だったのに、内壁修理の工事中に火の不始末から肝心の金堂《こんどう》を燃やしてしまうとは、なんたる失態！）。

僕が聖徳太子論争の本を読んでいつも感じる不思議さは、聖徳太子伝説擁護論者たちが、なんとかして聖徳太子の権威を護ろうとして躍起になっているように見えることです。彼らは、「〇〇は聖徳太子の没後だいぶのちのものである」（〇〇には法隆寺の仏像や天寿国繡帳や三経義疏が入ります）と言われると、自分にとってこのうえなく大事なものを汚されたかのように感じ、ときに感情的な反論を試みるのでしょう。それは前に言った、「宗教」の構図そのものです。

実際、聖徳太子は仏教における聖者ですから、僧籍にあったり、在家《ざいけ》でも篤く仏教を信奉している人にとっては、宗教的な信仰対象です。ですから、映画『ダ・ヴィンチ・コード』や、サルマン・ラシュディの『悪魔の詩《うた》』の場合と同じく、つまりイエス・キリストやムハンマドが嘲弄《ちょうろう》されたと感じて怒る人たちと同じく、伝説への批判者に対して憎悪の念を抱くのでしょう。しばしば、批判者への反論が人格攻撃になるのも、そこに理由があるようです。谷沢氏もまた、本のなかで論敵を揶揄《やゆ》するものですから、火に油の状態になってしまうんですね。まあ、論争はそのほうが面白いんですが、でも当事者になるのはちょっと大変なので、論争の話はこれくらいで。

最近、一つ驚いたことがあります。それは山川版の歴史教科書の記述です。「女帝の推古天皇が即位し、国際的緊張のもとで蘇我馬子や推古天皇の甥の**厩戸王**（聖徳太子）らが協力して国家組織の形成を進めた」。そう、聖徳太子という呼び名は括弧に入れられ、厩戸王という名が太字（ゴチック）になっているのです。以下、冠位十二階も憲法十七条も遣隋使も、これらの政策の主語は必ずしも「厩戸王」ではありません。また、史料として欄外に引かれている『隋書』所載の遣隋使記事には注がついていて、そこに見える王の名前「多利思比孤《たりしひこ》」が、「何天皇をさすか不明」となっています。

聖徳太子信仰者がこれを知ったら怒るだろうな、きっと。もっとも、彼らは自分たちで別の教科書を作り、思いっきり聖徳太子殿下の功績を讃えているから、たいして気にしないかもしれませんが。

僕が聖徳太子伝説擁護論に対して感じる違和感は、聖徳太子を英雄として誉め称えることで日本国民としての自信を保持しようとする、その姿勢です。前の引用文のなかにも、憲法十七条が「日本人の精神的規範を教えている」とあり、『三経義疏』が「日本の仏教実践の書として、日本の思想の根本」だとされ、そして遣隋使の携えた国書が「対等外交の象徴として現在の指針とすべきもの」となっていました。どうしてこんなに日本、日本と言うのでしょう。厩戸王のころは、まだ「日本」という国号はなく、そのため網野《あみの》善彦《よしひこ》という歴史家は「聖徳太子はまだ日本人ではなかった」と書いているのに（もっともそのせいで、網野さんは批判の砲撃を浴びましたが）。

山川の教科書がきちんと書いているように、当時のヤマト政権は「国際的緊張のもと」にありました。遣隋使外交も、そうした必要があったからこそのものです。そういう観点を、意図的にでしょうか、無視して、「日本の」誇りとして厩戸王を顕彰する。そうしたやり方は、幕末の尊王攘夷思想の現代版とすら思えます。

ヤマト政権は、東アジアの国際情勢のなかで生まれ育ちました。厩戸王のものとされてきた諸業績も、その視点から見直す必要があります。次章からは、話の本筋に帰りましょう。応神天皇の時代（とされる時代）です。

9 神功皇后と卑弥呼の合体

応神天皇は、母親の神功皇后の胎内にあってともに韓国に遠征し、母親の懐《ふところ》に抱かれてヤマトにいた異母兄たちを討伐し、その後ずっと母親に摂政《せっしょう》してもらって六十九年を過ごし、そしてようやく即位しました。つまり、『日本書紀』の年代に従えば、そのとき彼は七十歳だったことになります。もちろん、歴史事実として信じる必要はありませんが。

『日本書紀』の年代設定については、この神功皇后のところに関しては典拠がはっきりしています。『魏志倭人伝《ぎしわじんでん》』です。

中国の人、陳寿《ちんじゅ》が編纂した『三国志《さんごくし》』は、魏《ぎ》・呉《ご》・蜀《しょく》の三つの国それぞれの歴史をまとめたものです。魏に関する部分を「魏書《ぎしょ》」と呼びます。そのなかに、中国から見て東の方角にいた諸民族の紹介記事が載っており、まとめて「東夷伝《とういでん》」と名づけられています。そしてさらにそのなかに、「倭《わ》」について書かれた、通称「倭人条《わじんじょう》」という部分があります（これはあくまで通称です）。したがって、『魏志倭人伝』というのは、いつのころか日本で生まれた俗称であり、正式には「三国志の魏書の東夷伝の倭人条」と呼ぶべきでしょう。まあ長すぎますので、この本でも俗称にしたがいます。『魏志倭人伝』によると、西暦で二三九年にあたる年に、倭の女王の卑弥呼《ひみこ》という者が帯方郡《たいほうぐん》に使節をよこして、「魏の皇帝にご挨拶したい」と言ってきたそうです。帯方郡というのは、いまの北朝鮮領内にあった行政区画ですが、この時代は魏の直轄領《ちょっかつ》でした。中国と韓国（朝鮮）の国境は、時代によって変化してきたのです。

さて、卑弥呼はいまでいえば北朝鮮の領土になっている場所に使節を派遣し、洛陽《らくよう》にいる魏の皇帝陛下とよしみを通じようとしたのでした。そのかいあって翌年、魏は彼女を「親魏倭王《しんぎわおう》」に任ずる使者を、彼女の国に派遣します。そこは「倭」のなかでも「邪馬台国」と呼ばれる場所でした。邪馬台国の女王卑弥呼。彼女が西暦三世紀のなかばに日本列島の一部を治めていたことが、中国の史書という、比較的信憑性《しんぴょうせい》の高い史料に記載されているのです。

『日本書紀』の編集者たちは、当然このことを知っていました。彼らが直接『三国志』そのものを見たかどうかはわかりません。しかし、それ以外の文書もしくは伝承のかたちで、三世紀にヒミコという女王が邪馬台国にいたという事実は、東アジア全域で広く知られていたでしょう。これを無視して歴史記述はできなかったのです。

そこで、神功皇后との合体が行われます。あるいは、そもそも神功皇后伝承自体が、卑弥呼をモデルに創造されたのかもしれません。『日本書紀』は神功皇后の摂政三十九年目から四十三年目（西暦二三九～二四三年）にかけて、非常に特徴的な記述方法をとっています。日本国内の記事として特記することはなにもないのに、注として『魏志倭人伝』を引用しているのです。

すなわち、摂政三十九年のところには、「『魏志』によると、その国の明帝《めいてい》の景初《けいしょ》三年に倭の女王が朝貢使節を派遣してきたということだ」とあり、翌四十年には「『魏志』によると、その国の役人を倭に派遣した」、四十三年には「『魏志』によると、倭王がまた使いをよこした」と書いてあるのです。お隣の国の史書を引用し、そこに書かれている記述との整合性をもたせ、両国の歴史認識を一致させようとする努力がうかがわれます。わざわざここで異国の話を紹介し、「ほらご覧、中国側の史料にも、このころ日本は女王が治めていたと記録してあるよ。神功皇后は世界的に有名だったんだね」と自慢しているのです。

このように、『日本書紀』の記事年代を『三国志』と比較すると、神功皇后が摂政として国を治めていた時期は、まさしく卑弥呼の時代と重なります。これは意図的としか考えられません。そして、だからこそ、彼女は仲哀天皇の皇后であるにもかかわらず、息子応神天皇をさしおいて、『日本書紀』において事実上の天皇扱いをうけているのでしょう。記載上は「皇太后」となっています。

摂政六十六年という年（西暦二六六年）にも、こんな記事があります。「この年は（中国の）晋《しん》の国では武帝《ぶてい》の泰初《たいしょ》二年という年であるが、あちらの宮廷の記録には『この年十月に倭の女王が使節をよこした』と書いてある」と。もっとも現在の研究では、晋に使節を派遣した女王は卑弥呼ではなく、その後継者だろうとされています。つまり、実際には二代にわたった邪馬台国の女王の治世を、『日本書紀』は神功皇后一代の話として統合しているのです。

これで応神天皇が、生まれてから七十年も即位できなかったわけがわかったでしょう？　彼はそのとき、ほんとに即位していないわけではなく、隣の国の歴史記録とつじつまを合わせるために、『日本書紀』編者たちによって、七十年間ずっと母親の陰に隠れていたことにされてしまったんです。

晋の宮廷の記録を紹介しおわったので、神功皇后はやっと御用済みとなりました。

『日本書紀』は、前記記事の三年後、神功皇后がちょうど切りよく百歳になったところで、彼女が亡くなったとしています。息子の応神天皇も切りよく七十歳、いわゆる「古稀《こき》」になっていましたし。「古稀」とは、七十歳まで生きるのは古来稀《まれ》であるという、中国の詩人の句から来たことばです。

10 『論語』と『千字文』

『日本書紀』はその第九巻全部を、「気長足 姫 尊《おきながたらしひめのみこと》」すなわち神功皇后の事績紹介にあてています。そして彼女が百歳で亡くなったあと、第十巻に移って「誉田《こんだ》天皇」すなわち応神天皇の話が始まるのです。「皇太后」こと神功皇后の摂政三年め、ですから三歳のときに「皇太子」となり、以後六十六年間ずっと皇太子でいたのちに即位しました。そして四十一年間にわたって、日本の国土を治めました。

神功皇后のところの記事が、新羅《しらぎ》をはじめとする朝鮮半島の国々との関係、ヤマトで反乱を起こした皇子たちの討伐、そして、中国の歴史書に記録された邪馬台国女王の話で占められているのに対して、応神天皇の時代になると、記事が一気に多様性を帯びてきます。それだけ、むかし実際にあったであろうさまざまな事柄を反映していると考えることができます。そのいちいちを細かく紹介していると、今回では終わらないので、ここでは『日本書紀』以外の史書に頼って整理してみましょう。

その史書とは、十四世紀前半に成立した『神皇正統記《じんのうしょうとうき》』です。この本は主として『日本書紀』にもとづきながら、編者の北畠親房《きたばたけちかふさ》が重要と判断した事件だけを選んで載せています。ということは、それによって、『日本書紀』に載っている多様な記事のなかから、親房がなにを重要と判断したかがわかるわけです。僕たちは、そこから、「日本の歴史」ならぬ「天皇家の歴史」が、親房のような昔の人たちによってどう語り継がれてきたかを、振り返ることができます。

親房が応神天皇の事績として選んだのは、以下の二項目です。

まず一つめが、百済《くだら》から博士がやってきたこと。『日本書紀』で王仁《わに》と呼ばれている人物です。王仁は、もともと中国で作られた儒教の書物をもたらし、応神天皇の皇太子、菟道稚郎子《うじのわきいらつこ》たちが、彼のもとでそれらを学びました。親房は、「我が国に儒教の書物と文字が伝わったのは、このときからだ」と述べています。

このとき伝わった儒教の書物について、『日本書紀』では単に「いろいろな書物」としているため、親房も書名まで紹介していないのでしょう。ところが、『古事記』

のほうにははっきりと、『論語』と『千字文《せんじもん》』であると書かれています。

『論語』は、儒教の開祖・孔子が弟子たちに語った格言をまとめたとされる書物で、君のことを僕が「志学《しがく》になったね」と言った、その「吾《われ》、十有五《じゅうゆうご》にして学に志す」も、『論語』に見える文言《もんごん》です。およそ、儒教について学ぶ人なら誰もが読むべき、そして実際に読まれてきた本だといえるでしょう。

一方の『千字文』は習字のお手本として使われた教科書です。習字とは、つまりは漢字の書き方を憶えることにほかなりません。たった二十六文字の書き方さえ憶えればよい英語圏の人たちと違って、中国語で文章を読み書きするには多くの漢字を憶えねばなりません。そのうちの基本的な千文字を選び出し、順に学習するように配列してあるのが、この『千字文』です。

日本には、かなを憶えるための「いろは歌」がありますよね。「いろはにほへとちりぬるを」という、あれです。少し漢字を使うと、「色は匂《にお》へど　散りぬるを」となって、日本語として意味のある書き方をしていることがわかります。七文字と五文字の句が交互に出てくる、いわゆる七五調で、そうした固まりが全部で四つで全体を構成しています。数式で書けば、

$(7+5) \times 4 = 48$

こうして四十八文字すべてが、必ず一度ずつ出てくるように並べたものです。ですから一通り「いろは歌」を書けば、すべてのかなを練習できる仕組みになっています。すばらしい工夫ですね。今みたいに、「五十音順」とかいって「あいうえお　かきくけこ」と書いていくより、ずっと面白くて覚えやすいですね。誰が考えついたのかわかりませんが、頭のいい人です。そのため古来、発明者は弘法大師《こうぼうだいし》空海《くうかい》だという伝承が残されています。

その「いろは歌」の漢字バージョンが、『千字文』なのです。一句が四文字、それが二句ずつ対になり、そうした八文字ずつの固まりが全部で百二十五あるのです。これも数式で書けば、

$(4+4) \times 125 = 1000$

わずか四十八文字のいろは歌とは、けた違いの規模ですから、これは大変なことです。ちなみに出だしの二句だけ紹介すると、「天地《てんち》玄黄《げんこう》　宇宙洪荒《うちゅうこうこう》」となっています。「天空は黒く大地は黄色、空間は果てしなく時間は久しい」というような意味です。「匂いはするけどもう散っちゃった」という「いろは歌」の出だしに比べて、なんと

も気宇壮大《きうそうだい》、さすが中国、という感じですね。僕が中学生のとき、書道の時間に先生がこの二句を教材に使いました。そして、意味の解説もされたのですが、ちんぷんかんぷんでした。そのころ、もう『論語』はすでに僕の愛読書だったのですが。「十五歳で学問に志した」という『論語』の内容と比べても、「空間は果てしなく時間は久しい」という『千字文』のこの冒頭部は、哲学的に奥深いと言えましょう。単なるお習字の手本ではなく、これはやはり儒教思想を学ぶ教材でもあったのでしょう。

J 消えた王仁博士

さて『論語』と『千字文』のつづきです。これを日本にもたらして皇太子たちに教えたとされている人物、『日本書紀』の文字表記では「王仁」、『古事記』では「和邇」は、ワニと読むのであろうとされています。僕は昔、はじめて「ワニ博士」と聞いて、口先のとがった爬虫類が頭に角帽を載せ、長い棒を持って黒板に書いてある難解な数式を説明している漫画を、頭のなかで思い描きました。

そう、王仁は「博士」です。ドクターの翻訳語として今でも使う「博士」というこの単語を、ふつうはハクシと読まずにハカセと気取った読み方をするのも、来歴が古い言葉であることを示しています。神功皇后の「征伐」により、日本が強い国であることを知った朝鮮半島の人々は、彼のような優れた人材を次々に日本に派遣して、お役に立つように務めたのでした。――というのは、『古事記』や『日本書紀』の語るストーリーであって、決して歴史的事実ではありません。実際には、これら朝鮮半島から来航した人々によって、日本（というか、まだ「倭」国）は、文明化されていったのでした。

王仁のように、外国から日本にやってきてそのまま居つき、子孫もずっと日本で暮らすようになった人たちのことを、「帰化人《きかじん》」と呼ぶことがあります。今でも、法律上、外国籍だった人が日本国籍を取得して日本人になることを、「帰化」と称しています。でも、僕はこのことばは大嫌いです。理由は、このことばが「お前らを我々すぐれた国民の仲間として加えてやるぞ」という傲慢さを持っているからです。「帰化」とは、儒教の用語です。ある国の王様が非常に優れているため、周辺諸国の人たちがその人徳を慕い、その国の国民にしてもらおうと集まってくるさまを表現しています。つまり、A国からB国に「帰化」するというのは、劣ったA国に嫌気がさした人が優れたB国の国民にしてもらって大いに喜ぶ、という意味なのです。傲慢だとは思いませんか?

そこで近年では、歴史学において、王仁のような人たちのことは「渡来人《とらいじん》」と呼ぶようになっています。これなら価値中立的に事実だけを表していますからね。王仁は百済国から倭国に「渡来」したというわけです。

でも、現時点では、この伝承自体が歴史的事実ではないだろうという話になっています。僕は数年前に、大学で授業をしていて大きなショックを受けました。「儒教の伝来は応神天皇のときの王仁の渡来による」という事項は、僕の世代では歴史の授業でかならず教わることでした。ところが、僕が教えていた学生たちは、そう教わってこなかったことに、あるとき気づかされたのです。急いで山川の『詳説日本史』を買って繙《ひもと》きました。そこには、王仁が『論語』をもたらしたとは、どこにも書いてなかったのです。「6世紀には百済から渡来した五経博士により儒教が伝えられた」。これが現時点での最新版の記述です。ちなみに王仁は、渡来人ということばの説明のために、渡来人たちの先祖に関する伝承上の人物として、脚注にその名が紹介されているだけです。彼が『論語』や『千字文』をもたらしたという記述は、すっかり消えています。

たしかに、これが歴史的事実なのでしょう。僕も教科書のこの記述を尊重します。しかしそうすると、『古事記』の中でなぜそう書かれていたかという、その象徴性は語り伝えられることなく忘却されてしまいそうで心配です。歴史的には、もっとのちの六世紀に別の博士たちが来るまで、『論語』は伝わらなかったのかもしれません。でも、応神天皇のときにそういうことがあったという伝承を作成した人たちには、そうした人たちなりの歴史認識があったはずです。日本に大陸の文化がはじめて伝わってきたのは、神功皇后の三韓征伐の直後、応神天皇のときであるという。そうした伝承や神話を知ることもまた、日本という国の成り立ちを学ぶにあたっては、とても大切なことではないでしょうか。

Q　蘇我氏の祖先のこと

もう一度、北畠親房《きたばたけちかふさ》の『神皇正統記《じんのうしょうとうき》』に戻ります。彼が応神天皇の時代の事件として、何を記述しているか、ということです。

一つめが百済からの博士の渡来でした。そして、もう一つは武内大臣の話です。武内大臣とは武内宿禰《たけしうちのすくね》と呼ばれる人で、神功皇后時代以来のヤマト政権の重臣でした。彼女がヤマト東征するにあたってその補佐役として大活躍し、信頼を得てよろず相談にあずかっていました。ところが、応神天皇の時代になって、宿禰の弟が兄の悪口を言い出します。「うちの兄は、畏《おそ》れ多くも陛下のお命を狙っております」。兄弟ですごく仲が悪かったんでしょうね、きっと。

応神はすっかりそれを信じ込み、武内宿禰を殺させようとします。しかしそのとき、宿禰の家来が身代わりになって死にました。宿禰は応神に直接会って無実を訴え、御前で兄弟の言い争いが始まります。応神は判断がつかず、神々の前での探湯《くがたち》をさせました。盟神探湯《くがたち》というのは、熱湯のなかに手を入れさせ、神々の加護により火傷《やけど》をしなかったほうが正しい主張をしているとみなす、という古代の神聖裁判です。そして、その結果は宿禰の勝利でした。神々には真相はお見通しだったのです。こうして、宿禰はふたたび大臣に復職し、のちの蘇我氏の祖先となりました、というのです。

武内宿禰が蘇我氏の祖先であるということ、これは重要です。なぜなら、聖徳太子こと厩戸王の時期にヤマト政権を指揮していたのは、蘇我馬子だからです。蘇我氏は自身渡来人だったのだろうとも言われており、大陸の先進文明に直結する知識や技術を持っていました。大陸との交渉が始まったとされる神功皇后・応神天皇の時期に、武内宿禰が活躍したとされるその記述は、推古天皇と聖徳太子を蘇我馬子が補佐したことを反映して作られた話なのではないでしょうか。

この話にかぎらず、史書とは古来そうした性格を持っています。いまの教科書でさえ、そのことから自由なわけではありません。現代という時間、日本国という空間から眺めて、自分たちに都合のよい物語を過去に投影して書かれているのです。都合のよくないことを率直に記述しようとすると、「そんなことをわざわざ子供たちに教える必要はない。歴史は愛国心を持たせるという目的に沿った内容にすべきで、自分たちに都合の悪い自虐的なものであってはならない」という非難を受けたりしてしまうのです。

北畠親房『神皇正統記』では、王仁の話のあと、親房自身の歴史認識が長々と披瀝《ひれき》されています。それは、「日本のほうが中国や韓国より古い国なのに、日本人の祖先は大陸からやってきたと言う連中がいる。とんでもない間違いだ」という主張です。いまの「自虐史観批判」の観点と、どこか似ていますよね。ただし、この主張は親房先生の勇み足で、成り立ちません。親房は「中国の史書『唐書』にも、日本の神代のことが載っている」、だからこれは事実なのだと言うのですが、その記録は、日本から出かけていったお坊さんがあちらの人たちに語った内容を、記録しているだけなんです。

「日出づる処の天子」と自称したことが外国の書物に書いてある、と言って欣喜雀躍《きんきじゃくやく》するのは、恥ずかしいことだと思いませんか。しかもそういう人たちが、いまだにたくさんいるというのは、僕にはもっと恥ずかしいです。君はこういう恥ずかしいことをしないように、ね。

K 倭国から日本国へ

さて「倭」国の話が続いたので、そろそろ「日本」が生まれるところまで進みましょう。

応神天皇が亡くなると、そのあと二人の兄弟が天皇の位の譲りあいをします。武内兄弟の骨肉の争いの直後だけに、印象さわやかです。そうして結局、弟の菟道稚郎子《うじのわきいらつこ》は自殺して兄を即位させました。これが仁徳《にんとく》天皇です。

この称号でおわかりのように、この人がまた慈愛にあふれたいい大王で、庶民が生活に困窮していると知って税金を何年も集めなかったそうです！

君たちはもう、通称「仁徳天皇陵」が、その確証は何もないことを知っていますね。教科書にも「大仙陵古墳《だいせんりょう》」として写真が載っています。これを仁徳天皇陵だとする見解を確立したのは、江戸時代の学者さんで、蒲生君平《がもうくんぺい》という人です。根拠は……無いんですね。

応神・仁徳以降の大王たちが、中国の史書『宋書』には「倭国王」として紹介されています。全部で五人いるので「倭の五王」と呼ばれています。『宋書』を信用するならば、五世紀の人たちです。『日本書紀』のほうの紀年と微妙にずれるので、この五人のうちはじめの二人がどの大王なのかは、今でも説が分かれています。

五王のしんがりが武《ぶ》、すなわち雄略《ゆうりゃく》天皇です。『宋書』によれば、「私は先祖代々こんなに頑張ってきたのですから、朝鮮半島の実質支配も認めてください」と、中国の皇帝に頼み込んでいます。彼も臣下の礼をとって「倭国王」にしてもらっています。実際しかしその後、中国の政治的混乱もあって、倭と中国の外交記録は途絶えます。でもともかく、こになかったのか、単に記録が紛失しただけなのかはわかりません。でもともかく、このあと中国側の記録に登場するのが、かの聖徳太子だというわけです。百年の開きがあるので、「空白の六世紀」と言われたりもしています。

六世紀は、『日本書紀』の記述をおっていくだけでも、たしかに政治的な大変動期です。雄略自身の即位も含めて、天皇家では一族内部で血で血を洗う抗争が繰り広げられています。応神が亡くなったときには謙譲の美徳があったはずなのに、いったいどうしたんでしょう。

相互の殺し合いも祟《たた》って、ついに仁徳の子孫は全滅してしまいます。そこで応神の遠い子孫を、いまの福井県から連れてきて即位させます。継体《けいたい》天皇と呼ばれる方です。ところが、この大王はなかなかヤマトに入れませんでした。朝廷内部に根強い反対派がいたためだと解釈する歴史学者もいます。もっと過激に、「継体が応神の子孫だというのは後からのフィクションで、実際にはここで王朝交替が生じたのだ」と言う研究者もいます。

僕にはどの説が適切か、判断がつきません。ただ『日本書紀』の記述によると、継体のあと即位した二人の大王（いずれも継体が福井にいるころに生まれた子）の短い治世のあと、もともとの大王家の血筋の皇女とのあいだに生まれた皇子が、即位します。

これが欽明天皇です。

この天皇のときに、すでに述べた仏教伝来がありました。百済から五経博士《ごきょうはかせ》が渡来して儒教を伝えたというのも、この大王のときのことです。そしてそのあと、彼の子供四人があいついで即位したこと、その最後が推古天皇であること、そのときの厩戸王がのちに聖徳太子と呼ばれることなどは、すでにお話ししました。

厩戸王の死後、大王の位は推古から舒明に渡ります。敏達《びたつ》の皇子で、厩戸のいとこにあたります。舒明《じょめい》の皇后で、かつ姪《めい》でもあったのがその次の皇極《こうぎょく》天皇で、推古につぐ二人めの女帝です。ただ、すでに述べたように、「皇后として、夫の死後に王の仕事をする」というのであれば、最初の事例は神功皇后でしょう。

そもそも天皇とか皇后とか、あるいは皇太子とか摂政とかの呼称は、すべて八世紀に編纂された『日本書紀』でそう称しているにすぎません。これらの称号は、中国から儒教が伝わることによって、はじめて用いられるようになったものです。これらの称号に対する意識、儒教的名分秩序《めいぶんちつじょ》の感性を、たぶん六〜七世紀の大王たちはまだ持っていなかったと思われます。

儒教的な国家の構築は、西暦六四五年の宮廷クーデターによって幕をあけます。そう、大化改新《たいかのかいしん》です。ここに倭国の歴史が終わり、日本国誕生の物語が本格的に始まります。

◆宝の章

A 改新の詔はいつ作られたか

大化改新は、西暦六四五年に中大兄皇子《なかのおおえのおうじ》と中臣鎌足《なかとみのかまたり》とが中心になって起こした蘇我入鹿《いるか》暗殺と、そのあとの一連の改革政治のことです。このとき初めての年号として「大化」を用いるようになり、またそのほかいろいろな意味で、現在につながる日本国誕生のきっかけとなった政治運動でした。

蘇我入鹿は馬子の孫で蝦夷《えみし》の子。彼らは親子三代にわたってヤマト政権の権力者でした。六四三年には厩戸王(聖徳太子)の息子・山背大兄王《やましろのおおえのおう》を攻め滅ぼして、権勢を独占します。中大兄皇子はときの皇極天皇(女帝)の子で、入鹿のこうした傍若無人な専横ぶりを憎み、高句麗《こうくり》・百済《くだら》・新羅《しらぎ》の三韓からの使者が天皇に謁見《えつけん》する儀式を装って、入鹿を呼び出し、だまし討ちにします。中大兄は、彼らが手配した暗殺者がためらってなかなか手を下さないのを見かねて、みずから入鹿に斬《き》りかかっていきました。入鹿は皇極天皇の御座《ぎょざ》にすがりついて訴えますが、結局、殺されてしまいます。中大兄たちはすぐにつづいて蘇我氏の邸を攻撃し、蝦夷を殺しました。

こうして政治権力は、中大兄たちの手に移ります。皇極天皇はほどなく退位し、かわって彼女の弟が即位しました。孝徳《こうとく》天皇です。中大兄は皇太子となり、鎌足たちを登用して国制改革を始めます。その最初の象徴的なお触《ふ》れが、大化年号の制定でした。入鹿暗殺が六月十二日、孝徳即位が十四日、大化年号発布が十九日、わずか十日足らずのあいだの電撃的な動きでした。

翌年、大化二年（六四六）の正月元日、今後の政治改革についての施政方針が、孝徳天皇の名で発布されます。『日本書紀』の第二十五巻は、これを全文、長々と引用紹介しています。全部で四カ条あり、ふつう「改新の詔《みことのり》」と呼ばれています。四カ条はそれぞれ、公地公民、国司《こくし》制度、戸籍制定、税制整備という内容でした。もちろん、『日本書紀』所載のものはすべて漢文で書かれており、これ以外に別の史料もないことから、「改新の詔」について検討するにはこれに頼らざるをえません。

かつてはこの詔の発布とその内容は、すべて史実として信用されていました。神武天皇即位にあたっても、応神天皇のヤマト東征成功にあたっても、少なくとも『古事記』や『日本書紀』には、特になんらかの施政方針は示されておらず、また聖徳太子こと厩戸王の憲法十七条も、官僚たちの心得を書き連ねたものであって、政策を述べたものではありませんでした。改新の詔は、その意味ではヤマト政権始まって以来最初の、明確な政策提示だったのです。明治維新にあたって発せられた「五カ条の御誓《ごせい》文《もん》」は、この改新の詔を意識して作られています。

ところが、よくよくその文面を検討すると、大化二年の段階ではまだ考えつきそうもない表現が、この詔には盛り込まれているのです。いちばん問題になったのは、詔で国司の下に郡司《ぐんじ》を設けるというくだりで、研究の結果、大化年間にはまだ「郡」ではなく「評《こおり》」ということばが使われていたことがわかりました。これらを根拠に、改新の詔は六四六年に出されたものではなく、そのあと『日本書紀』編纂までのあいだに作成されたものではないかと考えられています。ただ反面、「そうした食い違いは、『日本書紀』の編者が評を郡に直すなど表現を改めたり、文章を飾ったりしただけのことであり、このときに詔が出されたことは歴史的事実だ」と主張する人もいて、まだ最終的な決着はついていません。

僕は前にも言ったように、『日本書紀』は八世紀初頭段階の歴史認識にもとづいた物語だと思っていますから、この改新の詔も六四六年に出されたものではなく、それより数十年後、おそらくは『日本書紀』の編者自身の創作になるのではないかと考えます。なぜそう考えるかというと、『日本書紀』編纂と同時進行で整備されつつあった律令体制の、その根幹になることが、ここで述べられているからです。

つまり、こういうことです。従来は、蘇我氏を滅ぼして改革を始めるにあたり、改新の詔を発布して長期的な政策目標を示し、それに沿って律令制度の導入・構築が進んで、七〇一年の大宝律令《たいほうりつりょう》に結実したとみなされてきました。大化改新とは、長く時間の幅をとるならば、七世紀後半のこうした政治運動全体を指すことになります。しかし逆に、律令完成という時点からさかのぼってその開始点を蘇我氏討伐に求め、その直後に、現実にはそのあと徐々に進んでいくことになる一連の政治改革を先取りするかたちでプログラムを書き込んだのが、改新の詔ではないかというわけです。改新の詔があったから、公地公民や国司郡司制度ができたのではなく、公地公民や国司郡司を定める律令ができあがってきたから、その大本のプランを、後から改新の詔として作成し、大化二年に発布したことにした、ということです。

『日本書紀』第二十五巻は、改新の詔のあと、大化年間に行われたさまざまな政治制度改革の様相を、かなり詳しく記述しています。これは、第二十四巻までの『日本書紀』には見られない特徴といっていいでしょう。歴史の記録のしかたが、ここでまた一つ変わるのです。応神天皇以来続いてきた、大王家の跡目相続や豪族同士の勢力争いといったドロドロした記録ではなく、政府が一致結束して新しい国造りに邁進《まいしん》する姿が描かれていきます。

大化六年（六五〇）、いまの山口県にいた国司から朝廷に、白い雉《きじ》が献上されました。亡命していた百済の王子や仏教の高僧たちは、中国や韓国でも過去に似たような事例があり、それらは優れた君主が天下を治めているしるしとして出現した、聖なる動物であったと述べたてます。そこで宮廷で仰々しい儀式を執り行い、年号を大化から白雉《はくち》と改元する詔が出されました。そんなことが詳しくわかるのは、『日本書紀』がこれまた長々と、改元の経緯を紹介しているからです。

僕たち近代人にとっては、「白い雉の出現」はそんなに大騒ぎすべきことではないでしょう。まあ、珍しいニュースとしてテレビで報じられる程度です。新聞の一面トップに連日、「山口で白雉発見！」、「白雉きょう皇居に到着」、「宮中の庭園に白雉を放す」とか、「これを機に改元——政府内部の意向固まる」といった見出しが躍ることは考えられません。でも、七世紀なかばとは、そういう時代でした。

近代的な歴史学では、公地公民や国司郡司制度、あるいは戸籍や税制の整備といった、それこそ改新の詔に述べられているような、いわば国家による統治の仕組みの解明に大きな関心を寄せてきました。中等教育の現場でも、生徒たちにその方面の知識を持たせ、日本という国がどう発展してきたかを覚え込ませようと心がけてきました。山川の教科書でも、改新の詔の一部を史料として掲載し、本文では次のようにこの間の経緯を説明しています。

646（大化2）年正月には、「改新の詔」で豪族の田荘《たどころ》・部曲《かきべ》を廃止して公地公民制への移行をめざす政策が示された。全国的な人民・田地の調査、統一的税制の施行がめざされるなか、地方行政組織の「評《こおり》」が各地に設置され、中央の官制も整備されて大規模な難波宮《なにわのみや》が営まれた。王権や中大兄皇子の権力が急速に拡大するなかで、中央集権化が進められた。こうした孝徳天皇時代の諸改革は、大化改新といわれる。（三三一～三三三頁）

ここには白雉改元の話題は、いっさい登場しません。でも僕は、それを君たちが知らなくてもいいとは思いません。いやむしろ、知っておくべきです。その理由はずっと先になってからお話しします。

2　官人の誕生

大学入試の季節ですね。君にとっては三年後、僕の同僚・知人には子どもが今年、大学受験という人がけっこういます。なぜ入試があるのかというと、学力的に優秀な人材を選んで教育したいからです。もし教える相手が誰でもいいなら、入試は必要ありません。「学びたいという希望を認めてもらうため、筆記試験で他人と競争し、より高い点数を獲得すること」――入試とはそういう仕組みですね。大学入試に限らず、公務員採用試験や一般企業の就職試験も、合格者の数が限られているという点では、入試と同じ制度です（その意味では、医師や法律家をはじめとする各種の資格試験とは異なります）。そしてこういう競争試験は、最近始まったことではありません。

七世紀後半の政治制度改革にも、そうした面がありました。それまでは、豪族たちがその家柄をもとに、職能的に朝廷の役職を務めてきました。祭祀の家系、軍事の家系、外交の家系といった具合です。律令制度はそれとはちがって、官僚の採用人事を天皇及びその政府が取り仕切り、優秀な人材を、基本的には家柄によってではなく個人の才能によって登用しようとする仕組みです。もちろんこれも、もとは中国の制度で、皇帝が官僚たちを掌握しうまく働かせようとする意図に基づいています（実際には中国でも家柄はものを言いますが、いまは制度としての話をします）。これが、ふつう「科挙《かきょ》」と呼ばれている制度です。

科挙の話をきちんとしようとすると、別にもう一冊の本を用意しないといけなくなります（科挙については、宮崎市定《みやざきいちさだ》『科挙』〈中公文庫〉を超える名著はまだ出ていないので、この本を読んでください）。ここではごく大ざっぱに、官僚を筆記試験によって採用する制度、としておきます。

今の日本史学では、古代の朝廷に仕えた官僚のことを「官人《かんじん》」と呼ぶようです。官人の多くは豪族の出身でした。それまで畑を耕していた農民や舟に乗っていた漁師が、急に召し出されて官人になったわけではありません。ただ官人たちは、それまでのヤマト政権の構成員たちとは性格が異なるのです。

第一に、彼らは自分の出身氏族の代表というわけではなく、天皇のもとで働く公僕《こうぼく》的な役割を持つようになります。つまり自分たちの私利私欲のためではなく、日本という国家のために仕事をするということです。

第二に、彼らは文字（漢字）を使った文書行政の担い手です。律令整備と並行して個別具体的な行政事務の進め方がマニュアル化され、それに従った書式による文書作成能力が必須になります。各自の個人的な意思によるのではなく、中央政府の政策に忠実に、それをきちんと施行していく能力が求められます。

第三に、彼ら官人はその対価として給与をもらいます。実際にどの程度これが機能したのか僕は詳しくは知りませんが、少なくとも建て前としては、官人はその役職や勤務ぶりに応じて報酬を得る仕組みでした。

六四七年、朝廷は冠位七色十三階の制を発布します。最高位が大織冠《だいしょつかん》、以下、小《しょう》織《しょく》・大繡《だいしゅう》・小繡《しょうしゅう》・大紫《だいし》・小紫《しょうし》・大錦《だいきん》・小錦《しょうきん》・大青《だいせい》・小青《しょうせい》・大黒《だいこく》・小黒《しょうこく》・建武《けんむ》で、七種類の色とそれぞれに大小二階（最下位の建武はこの区別なし）で「七色十三階」なのです。これはそう、推古天皇のときの冠位十二階と似ていますよね。

でも冠位十二階とは、名前の付け方もその間の区別もかなり異なります。もし、推古時代以来ずっと冠位十二階が施行されていたとするならば、これを改変した制度ということになります。そこで古来、この両者の関係について研究が行われてきました。ただ僕は、それらの考証をあまり信用しません。なぜなら、推古時代の冠位十二階というのは、聖徳太子に仮託された『日本書紀』編者の創作だと思うからです。たぶん、歴史的には、この大化改新時代の制度が、はじめて定められた官人の職階制だったのでしょう。

このあと、六四七年の制度をもとにして、六四九年には冠位十九階、六六四年には冠位二十六階と、職階の細分化が進み、最終的に律令に規定された、正一位から少初位下にいたる三十階制が誕生します（この間に、六八五年には諸臣四十八階の制度がありますが、細かく分けすぎていて僕にはよく理解できません）。

こうして、朝廷に仕えるすべての官人が、上は大臣から下は書記や郡司にいたるまで、同じ体系のなかに序列化されたのでした。先ほど紹介した職階制の改変の途中から、皇族は別の位階序列に移りますが、一般臣下と同様に「大王」の下に位置づけられます。「大王」はこうして、「天皇」になっていったのです。

ちなみに、大化改新の功労者である中臣鎌足《なかとみのかまたり》は、死ぬ直前、功績によってこの中の最高位「大織冠」となり、藤原という姓を与えられました（これが、君のかあさんの家の苗字の始まりです）。

3　天智即位の年

きょう、二月二十六日は、陸軍青年将校たちによるクーデター（二・二六事件）の記念日です。関東南部に一年中で雪が最も降りやすい時季で、一九三六年のこの日もそうでした。くだんの青年将校たちは、「昭和維新」を標榜していました。明治維新の成果が、腐敗した政治家や財閥に奪われたと考え、維新の根本精神に立ち返って理想の御代《みよ》を実現しようというのが、彼らの意図でした。単なる私利私欲・権力欲による蜂起ではなかったと、僕は思います。もちろん、だからと言って、政界の要人たちの生命を奪った所業を是認することはできません。

明治維新以後、大化改新が明治維新の原像とみなされてきたことをお話ししました。青年将校たちもおそらくそうした「大化改新像」を持ち、それを理想としていたに違いありません。中大兄が蘇我入鹿を天皇の面前で暗殺したように、権勢を誇る政治家たちを葬り去ることが、昭和天皇の為になると信じていたのでしょう。

いまでも大化改新の主役は中大兄皇子だとされています。しかし、一部にはそれに対する批判・見直しの動きがあります。むしろ、孝徳天皇が主役だったのではないかというのです（遠山美都雄『大化改新』〈中公新書〉や、中村修也『偽りの大化改新』〈講談社現代新書〉などに詳しく書かれています）。この見方は、たぶん当たっているでしょう。

六五四年に孝徳天皇が亡くなっても、皇太子だったはずの中大兄は即位しませんでした。代わりに中大兄の母親で、孝徳の姉だった女性が即位します。斉明《さいめい》天皇です。これは、前には皇極天皇だった方で、二度目の即位でした。

この時期、朝鮮半島では新羅が唐と同盟を結んで勢力を拡大し、百済を圧迫していました。朝廷は百済を支援することを決意、六六一年に天皇みずから九州まで出向きます。しかし、その遠征先で亡くなりました。この年、中大兄があとをつぐのですが、正式な即位はしませんでした。こうして、六六三年の白村江《はくすきのえ》の海戦を迎えます。日本と百済の連合軍は、唐と新羅の連合軍に完敗します。百済国が滅亡し、日本は「倭の五王」以来ずっとこだわってきた朝鮮半島での勢力を喪失します。以後、中大兄は百済からの亡命者を受け入れて、技術革新・制度改定など内政の整備に邁進し、六六八年には正式に即位します。ここまで名で呼んできましたが、彼こそ天智《てんじ》天皇にほかなりません。

天智天皇が仮に即位した六六一年は、日本の歴史年代設定のうえで記念すべき年でした。どういうことかというと、この年を基準にして神武天皇の即位年が決められたと思われるからです（一説には、六〇一年の聖徳太子摂政期が基準とも言われます）。

「えと」ってわかりますよね。漢字では「干支《かんし》」です。いまの日本では「子《ね》・丑《うし》・寅《とら》・卯《う》・辰《たつ》・巳《み》・午《うま》・未《ひつじ》・申《さる》・酉《とり》・戌《いぬ》・亥《い》」の十二支の方だけを干支と呼んでいますが、干のほうも忘れてはなりません。「甲《こう》（きのえ）・乙《おつ》（きのと）・丙《へい》（ひのえ）・丁《てい》（ひのと）・戊《ぼ》（つちのえ）・己《き》（つちのと）・庚《こう》（かのえ）・辛《しん》（かのと）・壬《じん》（みずのえ）・癸《き》（みずのと）」というのが十干です。僕が生まれた年は壬寅《みずのえとら》、君が生まれたのは癸酉《みずのととり》、二〇〇八年は戊子《つちのえね》です。そして、六六一年は辛酉《かのととり》でした。

十干十二支の、十と十二の最小公倍数は六十ですね。ですから干支の組み合わせは全部で六十通りあります。言い換えると、六十一年後にはまた同じ干支が回ってきます。だから六十歳になって、そこまで生きると「還暦《かんれき》」なんです。

古代中国には、辛酉と甲子《きのえね》の年に大きな変革がある、という考え方がありました。

「辛酉革命、甲子革令」といいます。八世紀から十九世紀まで、この二つの干支の年には、ほとんど必ず改元をしています。そうやって、時間をリセットしようとしたのです。

そして、この六十年ワンセットのサイクルが二十二個重なると（千三百二十年に一度めぐってきます）、さらなる大変革が起こると考えられていました。そこで、天智即位の年の辛酉（西暦六六一年）からその分さかのぼっていくと、紀元前六六〇年、神武即位の年になるわけです。

この西暦六六一年から、過去ではなく未来の方向に千三百二十年すすめると、なんとつい最近の辛酉、一九八一年になります。この年、日本に大変革ってありましたっけ？　これは超難問ですが、あるんですよ、じつは。いまは誰も気づかないけれど、いつかきっと、「ああ、あの年にそれが起こったんだ」と、世界中の人が言うようになる大事件が。一九八一年、この年、小島毅という男が東京大学の入学試験に合格したのでした。

4　内乱と女帝

前章を干支の話に費してしまったので、遅れ気味の物語の進行が、いっそう遅れてしまいました。僕たちはまだ、七世紀のなかばにとどまっています。でもまあ慌てることなかれ。六六一年の天智即位まで到達したということは、すでに神話上の建国以来「千三百二十年（60×22）」を経過したわけで、一九八一年の「小島毅の大学合格」をもって一つの終点とみなせば、ちょうど半分まで達した計算になります。すごいことでしょ？

中国から政治の制度や理論を学び、「日本」という国号を定め、ヤマト政権は国家としての装いを整えていきました。祥瑞改元《しょうずいかいげん》や辛酉革命説も、中国から学んだことの一つです。

七世紀初頭の遣隋使に引き続いて派遣された遣唐使（六三〇年、六五三年、六五四年、六五九年、六六五年、六六九年）が、唐からの情報をもたらしました。白村江では対決した新羅とも外交関係を再開し、使節が往来しました。こうして律令の編纂作業が進み、六八九年の飛鳥浄御原令《あすかきよみはらりょう》を経て、七〇一年に大宝律令《たいほうりつりょう》が完成します。前に述べたように、この時点で、天皇号や年号もそろい、いまにいたる日本国の姿が整いました。年号も、大宝以降は断絶がありません。

でも、その間には、またも天皇家の内部抗争が生じました。しかも、六世紀のものとは異なる大規模な軍事抗争で、これが「壬申《じんしん》の乱」です。壬申も干支ですね。六七二年にあたります。

壬申の乱は、天智天皇の弟と息子との間で繰り広げられた、後継者争いでした。『日本書紀』は、勝者となった天武《てんむ》天皇（天智の弟）の立場から編纂されているので、公平な記述とはいえません。したがって、天智のあと即位していたはずの息子・大友《おおとも》皇子《みこ》の治世については、何も言及しません。彼は即位していなかったこととされ、天智の次は天武というのが、『日本書紀』以来の天皇代数の数え方でした。研究者のなかには、壬申の乱を正当化するためにこそ、この史書が編まれたとみる人もいます。

この天皇代数の数え方を批判したのが、江戸時代の『大日本史』です。前に言及したその三大特筆の一つに、「大友を天皇として認める」というのがあります。その後、明治時代になってから、大友には弘文《こうぶん》天皇という名前が授与されます。

壬申の乱に勝利した天武天皇は、強大な権力を手に入れました。柿本人麻呂《かきのもとのひとまろ》は、「大王《おおきみ》は神にしませば、天雲の雷《いかずち》の上に廬《いお》りせるかも」という有名な歌を作っています。大王＝天皇は、現人神《あらひとがみ》として崇められるようになります。

天武の死後、彼の多くの妃たちが生んだ皇子たちのうち、誰が後継者になるかが重大案件となりました。壬申の乱で夫の天武を助けた持統《じとう》天皇（天智の娘）が藤原不比等《ふひと》（鎌足の子）らの助けを得て即位し、息子である草壁皇子《くさかべのみこ》の成長を待ちます。ところが、草壁が若死にしてしまったため、結局は孫の文武《もんむ》天皇に譲位することになります。文武がまた若死にすると、その子の成長までの中継ぎとして、元明《げんめい》・元正《げんしょう》の二代の女帝が続き、そうして七二四年に聖武《しょうむ》天皇が即位します。

聖武天皇の時代は、その年号によって天平《てんぴょう》時代と呼ばれます。仏教の保護奨励政策がとられ、奈良の大仏建立《だいぶつこんりゅう》や全国の国分寺《こくぶんじ》・国分尼寺《こくぶんにじ》建立が進みました。ただし、無事に成長する皇子に恵まれなかったため、彼は二十五年の治世ののち、娘の孝謙《こうけん》天皇に譲位することになります。彼女は一時期、淳仁《じゅんにん》天皇（天武の孫で、舎人親王《とねりしんのう》の子。舎人親王は『日本書紀』の編纂委員長）に皇位を譲りますが、のちに彼を廃位して復位、称徳《しょうとく》天皇となります。

ここまで、推古にはじまって、皇極（斉明）・持統・元明・元正・孝謙（称徳）と、六名八代の女帝が続きました。推古即位（五九三年）から称徳死去（七七〇年）までの百八十年間、そのおよそ三分の一の期間は女帝だった計算です。推古以前に女帝はいませんし、称徳の次の女帝が江戸時代の明正《めいしょう》天皇ですから、この時期は非常に目立ちます（もっとも推古以前の記録が史実どおりではないので、あまり意味がありませんが）。

ちなみに明正の次の、十八世紀後半の後桜町《ごさくらまち》天皇が、今のところ最後の女性天皇です。古代の女性天皇についてはいろいろな研究者が検討を加えており、まとめて紹介するのも容易ではありません。ただ、ここで僕が指摘しておきたいのは、これは日本だけの特性ではないということです。新羅でも女王が活躍していましたし、なによりも、そのころの東アジアで文明の中心だった唐において、則天武后《そくてんぶこう》という人が登場し、中国史上ただ一人の女性皇帝になっていました。

七〇二年、約三十年ぶりに遣唐使が派遣されました。前年に完成した大宝律令を背景に、「自分たちは倭ではなく日本である」という宣言をするために出かけた使節だと言われています。でもこの使節団は、厳密にいうと「遣唐使」ではありません。なぜなら、この年、「唐」という王朝は存在していないからです。彼ら使節団の派遣先は、唐ではなく周《しゅう》でした。則天武后は即位すると国号を周と改めていたからです。すなわち、正確には「遣周使」だったのです。

女性が君主となることを許容する風気が、七〜八世紀の東アジアにはたしかにありました。それがなんなのかについての検討は、まだその途上にあるという感じがします。そしてこの問題は、日本国内の女帝論としてだけ議論するのではなく、世界規模での現象として捉えなおして見ていく必要があると、僕は思います。

称徳天皇の死後、天武天皇の子孫の血統は途絶えます。こうして、天智天皇の孫にあたる光仁《こうにん》天皇が即位しました。その光仁の子が、有名な桓武《かんむ》天皇です。彼の母親（光仁の妃のひとり）は、百済の血筋を引くといわれ、もともと光仁の周辺に、そうした渡来系氏族の勢力があったことを窺《うかが》わせます。

桓武天皇は平安京への遷都《せんと》を実施しました。明治時代になって平安神宮が建設され、その祭神となっているのもそのためです。遷都の年は「鳴くよ（七九四）うぐいす、平安京」。以後千二百年間続いた都――一部の「学説」によれば、いまもなお日本の首都――を築いた桓武天皇は、日本の歴代天皇のなかでも、とりわけ偉大な方だといえるでしょう。

なぜなら、平氏の祖先であり、ということは、僕のご先祖様でもあるからです。これはたんなるジョークではありません。「日本の歴史」が「天皇家の歴史」にからめ取られてしまう原因の一つは、日本人の多くが、彼らの子孫を称しているからです。

平氏は桓武天皇から分かれ、源氏は、平安時代の天皇たち（清和《せいわ》天皇や宇多《うだ》天皇）からの分家です。前に『日本外史』の紹介のなかで批評したように、江戸時代後半の日本人は、家系図上の祖先に源氏や平氏や藤原氏を据えました。そうして、自分たちの家のルーツを、古代の天皇家の物語と結びつけたのです。まったくの飾り物にすぎませんが、しかし系図の冒頭に置かれた「葛原親王（桓武天皇の皇子）」の文字は、わが小島本家の家系図においても光り輝いていました。

僕は「天皇中心の日本史」ではなく、「東アジアのなかの日本の歴史」を君に語りたいと宣言しながら、ここまでかなりの分量、「天皇家の物語」のなかでうろうろとしていました。でもそれは、そのことがはらむ問題性をしっかり認識してほしかったからです。桓武天皇によって始まった平安時代、ここからは、これまでと少し違う描き方をしていきましょう。

5　円仁の大旅行記

七五五年、唐の将軍・安禄山《あんろくざん》が反乱を起こしました。彼はいまの北京《ペキン》に本拠を置いており、強大な軍団を抱えていました。その軍勢が都の長安めざして進軍を開始します。翌年、玄宗《げんそう》皇帝は首都防衛をあきらめ、わずかな近衛兵とともに四川省へと落ち延びていきました。安禄山は皇帝を名乗ります。しかし、彼はほどなく息子に殺され、軍団内部の分裂や、異民族部隊が唐を助けたこともあって、劣勢だった唐軍が力を盛り返して長安を奪回、七六三年にはさしもの大反乱も終息しました。

とはいえ、この事件は唐の屋台骨を揺るがしました。以後、この王朝はなお百五十年近く命脈を保ちますが、かつてのような栄華を取り戻すことはできませんでした。単に唐一代の話ではありません。この事件、およびその前後にあった社会の変化を境に、紀元前三世紀の秦始皇帝《しんのしこうてい》即位から、一九一一年の辛亥革命《しんがいかくめい》にいたる統一王朝二千年の歴史は、大きく二つに分けることができます。いや、それだけではありません。東アジア全体が、この事件を機に大きな変動期を迎えます。

そもそも、安禄山は漢民族出身ではなく、シルクロードの商業民にルーツを持っています。また唐を助けたウイグルの軍団は、西方の遊牧騎馬民族です。唐という世界帝国には、これら、漢民族以外の人たちがおおいに活躍していました。彼らは実力を蓄え、こうして表舞台に登場してきます。彼らのみならず、唐の周辺にいた諸民族も、おのおの自立して特色ある文化を育んでいくようになります。

日本で桓武天皇が七八一年に即位したときの国際情勢とは、そういうものでした。この年、二年前（七七九年）に出かけていた遣唐使が帰還します。保立道久《ほたてみちひさ》氏によれば、この遣唐使は、桓武を皇太子にしたことを唐に知らせ、また国内的にもそのことを記念する目的で派遣されたのだ、ということです（『黄金国家』青木書店）。

ここで、奈良時代からの遣唐使の歴史をおさらいしておきましょう。前に大宝年間、七〇二年に派遣された遣唐使のことまでをお話ししました。七一〇年の平城京遷都後、七一七年に次の遣唐使が派遣されます。この船団には、阿倍仲麻呂《あべのなかまろ》・吉備真備《きびのまきび》・僧玄昉《そうげんぼう》といった、学識優秀な留学生が同乗していました。真備は帰国後、「吉備大臣」として伝説化される大学者になりますし、玄昉は仏教界の大立者《おおだてもの》になります。仲麻呂だけがついに帰国できず、望郷の念から、百人一首にもとられている「天《あま》の原　ふりさけみれば　春日《かすが》なる　三笠《みかさ》の山に　いでし月かも」の歌を詠んだことは、君も知っていますね。ちなみに、この歌が詠まれたのは、彼が帰国のために出航する準備をしていた港町、いまの寧波《ニンポー》だといわれています。

真備と玄昉が帰国したのは、次の七三三年の遣唐使の帰路に同乗してでした。真備はその次の七五二年の遣唐使では、副使としてふたたび唐に渡ります。この使節は鑑《がん》真《じん》をともなって翌年帰国します。次の遣唐使は七五九年。先ほど紹介した安禄山の乱の最中です。このときは船一隻の小規模なものでした。七六一年、七六二年と、この直後にも派遣が計画されましたが、中止となりました。そして桓武の父の光仁天皇の治世になった七七七年に、その次の遣唐使が派遣されますが、四隻の船はどれも難破したり漂着したりして、唐に着けませんでした。七七九年の遣唐使は、いわばその仕切り直しで、きちんとした遣唐使としては、七五二年のもの以来といえるでしょう。

桓武天皇は晩年（保立氏に従えば、これも息子を皇太子にしたことを記念して）、八〇四年に遣唐使を派遣します。これには最澄《さいちょう》・空海《くうかい》が同行しました。彼らは、真備や玄昉のように次の遣唐使が来るのを待つことなく、翌年この使節団と一緒に帰国して、それぞれ天台宗《てんだいしゅう》と真言宗《しんごんしゅう》を伝えます。そのあと三十年以上の間があって、次は八三八年、これが最後の遣唐使となります。なぜなら、その次に計画されたのは、なんと五十年以上もあいた八九四年のことで、このときは、大使菅原道真《すがわらのみちざね》の意見書により中止され、以後、二度とふたたび遣唐使は派遣されなかったからです。

この八三八年の最後の遣唐使船に乗って、円仁《えんにん》という坊さんが唐に渡りました。最澄の弟子筋にあたる人です。彼は、最澄と違って唐に長く残りたいと希望し、翌年、使節が帰国するときにこっそり船から逃亡し、身を隠します。すぐに唐の役人に見つかってしまいますが、長安まで行き、そこで仏教の勉強をすることができました。ところが、武宗《ぶそう》皇帝の仏教弾圧政策（会昌《かいしょう》の廃仏《はいぶつ》、八四五年）に遭遇し、幽閉されてしまいます。ようやく帰国が許されたものの、もはや遣唐使が来ることもなく、さんざん苦労したあげく、新羅の商船に乗せてもらって、八四九年に帰国します。この十年あまりの大旅行を記録した日記が、『入唐求法巡礼行記《にっとうぐほうじゅんれいこうき》』で、アメリカのライシャワーという学者によって「アジア三大旅行記」と評されました。あとの二つは、玄奘三蔵《げんじょうさんぞう》の『大唐西域記《だいとうさいいきき》』とマルコ・ポーロの『東方見聞録《とうほうけんぶんろく》』です。

アメリカではライシャワーが書いた教科書の影響で、円仁とその旅行記はとても有名です。ところが、日本の教科書には『入唐求法巡礼行記』は載っていません。山川版教科書の円仁の紹介は、「天台宗も最澄ののち、入唐した弟子の円仁・円珍《えんちん》によって本格的に密教《みつきよう》がとり入れられた」とあるだけです。なんとも寂しいですね。

桓武天皇の時代は、前に述べた東北侵略が進められていました。アテルイが降服したのが八〇二年のこと、すなわち最澄・空海が唐に出かける二年前です。桓武の政府は七九四年の平安遷都によって、新たな国造りを開始していました。

実は平城京からの遷都は、すでに七八四年、長岡京《ながおかきょう》へ移るかたちで行われていました。ところが、桓武の側近、藤原種継《たねつぐ》が暗殺され、桓武の弟で皇太弟であった早良親《さわらしん》王《のう》が首謀者として逮捕され、非業の死を遂げると、その怨霊《おんりょう》が祟《たた》りをなすと信じられるようになります。平安京建設は、呪われた長岡京を放棄し、その代わりの都として進められたのでした。

桓武は左大臣をずっと空席にしておくなど、貴族主導ではなく、みずからの手で政治を行いました。地方政治を重視し、無駄な役職を省いてその効率化を図ったといいます。逆にいえば、中央政府の地方に対する統率をきびしくし、日本を日本というひとかたまりの国にしていこうとしていたのです。東北侵略政策もその一環でしたし、反対方面では、大陸との窓口である九州大宰府《だざいふ》の整備充実も進みました。前に言ったように、彼自身、母方に渡来系氏族の血を引いているので――そのことは、天皇陛下(平成の時の陛下)が、二〇〇二年のサッカーのワールドカップ日韓共催の際に、みずから言及あそばされました――、大仏建立の聖武天皇のような天武系の天皇たちとは、また違った大陸観を持っていたのかもしれません。

律令や仏教を直輸入する時代は終わりました。そもそも、模範と仰ぐ大唐帝国がすでにガタついています。日本が、日本という独自の国になっていく基盤は、すでに整備されていました。平安時代とは、そういう時代でした。

6　太陰太陽暦の話

きょうは二月二十九日、四年に一度、閏年《うるう》にしかない日です。よく冗談で、「きょう生まれた人は四年に一回しか誕生日が来ないから、なかなか年をとらない」とか言ったものです。

二月というのは暦のなかでも変な月ですが、なぜこうなっているか知っていますか。僕が学校で使っていた英語の教科書には、こういう説明がありました。

大昔、エジプトの太陽暦《たいようれき》を取り入れて作られたローマの暦では、三月が年のはじめでした。だから今でも英語で、九月のことを September（＝七番目の月）、十月を October（＝八番目の月）というのです。七月はユリウス・カエサルの誕生月だったのでJuly に、八月はアウグストゥスの誕生月だったので August になりました。太陽暦では三十一日の月と三十日の月とが交互に並ぶわけですが、アウグストゥスはカエサルより少ないのをきらって八月も三十一日あるように変えさせたのだそうです。それで、七月と八月と、いわゆる大の月が二つ並んでいるんですね。あおりをくらって、年末の二月は、(十二月と一月も大の月が並ぶために) ほかの月より二日足りない二十八日しかないことになってしまいました、というのです。

この二月を含めて小の月のことを、「にしむくさむらい」と憶えるのは知っていますね。「二、四、六、九」で「にしむく」、「十一」はつないで書くと「士」なので、サムライだというシャレです。

と、こんなおしゃべりをしてきたのは、今回は日本の昔の暦のことを説明しようと思ったからです。

日本が太陽暦を採用したのは、一八七三年、明治六年のことでした(詳しくは岡田芳朗著『明治改暦――「時」の文明開化』〈大修館書店〉をぜひ読んで下さい)。

それまで日本が使っていたのは、東アジア式の暦でした。今では旧暦と呼ばれているものです。もちろん、その原理を発明したのは中国です。前にも書いたように、神武天皇が紀元前六六〇年の正月元日に橿原《かしはら》で即位したというのも、この東アジア式の暦によるものです。もちろん『古事記』や『日本書紀』によれば、そのころまだ日本と中国とは交流がなかったにもかかわらず、ですね。

「神話」のお話はさておき、歴史的事実として、いつから日本国内で中国伝来の暦が使われはじめたのか、断定的に言うことはできません。はっきりしているのは、律令制定の過程で、それが明文化されていったということです。持統天皇のとき、六九二年に用いられることになった元嘉暦《げんかれき》は、五世紀に中国で造られた暦でした。その五年後、六九七年には早くも次の暦として、七世紀の唐で定められた儀鳳暦《ぎほうれき》への変更が指示されています。七六四年からは大衍暦《たいえんれき》、八五八年には五紀暦《ごきれき》、八六二年には宣明暦《せんみょうれき》と、いずれも唐で改訂された暦を、やや時間差を伴って導入しています。以後、一六八五年までずっとこの宣明暦が使われつづけます。

そもそも、どうして中国ではこんなに暦がしょっちゅう変わるのでしょう。太陽暦では、紀元前一世紀にユリウス・カエサルが暦を変更したあと、一五八二年（日本では本能寺の変が起きた年です）に、グレゴリオ暦への改訂がなされ、今にいたっているだけです。

それは、中国の暦が太陽暦（一年が三六五日、閏年は三六六日）ではなく、またイスラームで使う太陰暦《たいいんれき》（一年は三五四日前後）でもなく、太陰太陽暦だからです。太陽とはお日様、太陰とは月のことで、要するに、お日様の運行と月の運行の、両方を取り入れているのが太陰太陽暦です。太陰太陽暦では一年が十三カ月の年が十九年に七回あって、それで月の公転周期の十二倍を、地球の公転周期に合わせる工夫をしています。この十三番目の月を「閏月《うるうづき》」と呼びます。

また、月の公転周期を地球の自転周期と調和させるために、一カ月の長さもそのときそのときの事情で二十九日だったり三十日だったりします。必ずしも「にしむくさむらい」が「小の月」だと決まっているわけではないのです。ほんとはもっと詳しく語りたいところですが、これだけにしておきます。

そして、この二十九日だったり三十日だったりを決める計算がけっこう厄介なのです。天体の運行速度自体、時代とともに微妙に変わりますので、どんなに精確に天体観測しても誤差が生じてきてしまいます。それで、観測が精密になればなるほど、「あれ、暦と違うぞ」ということがわかってしまい、暦を造り替えねばならなくなるのです。そんなわけで、唐の時代には何度も改暦が行われ、日本もそれにあわせて七世紀から九世紀までしょっちゅう暦法を変更したのでした。

宣明暦が八百年も使われ続けたのは、一つには遣唐使時代が終わって制度を中国から直輸入するブームが去ったこと、二つには暦の実用としてはこの精度で十分だったこと、三つには日本国内でこれに代わる新たな暦を造ろうとしなかったことが挙げられるでしょう。宣明暦に代わって、一六八五年に採用されたのは渋川春海《しぶかわはるみ》の貞享暦《じょうきょうれき》で、史上はじめて日本人自身が作った暦でした。

渋川春海のこの業績は、山川の高校教科書にも特記されています。そこには「暦」というコラムも設けられ、右に説明したことが簡潔にまとめられています。春海は「暦の誤差を修正して日本独自の暦をつくり（貞享暦）、この功により、幕府の天文方《てんもんかた》に任じられた」のです。ちなみに、この天文方なる組織が東京大学の前身であると、公式の歴史認識としてはなっています。

しかし実は、この貞享暦なるしろものは、厳密には「日本独自」ではなく、十三世紀の元《げん》のときに定められた授時暦《じゅじれき》の考え方にもとづくものでした。中国では唐のあともたびたび改暦がなされており、そのなかでも従来より格段に精密な計算式を用いるようになったのが、この授時暦だったのです。

江戸時代には、その後も宝暦《ほうれき》・寛政《かんせい》・天保《てんぽう》と、三回の改暦がなされていますが、いずれも貞享暦の微修正でした。天保暦が廃棄されるのが、さきほど述べた一八七三年（明治六）の文明開化ということになります。

でも、二月が不当にいじめられている太陽暦のほうが、精密な計算にもとづく太陰太陽暦より「文明的」だとは、僕は思いません。きょうのことを、東アジアの暦に従って「一月二十三日」と呼びたくなりますけどね。

7 「梅の都」から「花は桜」へ

さて、ふたたび桓武天皇の時代に戻りましょう。「鳴くよ(七九四)ウグイス 平安京」という遷都の年代暗記法を発明したのが誰なのかは知りませんが、僕はこれを非常に高く買っています。なぜかというと、ウグイスを持ち出しているからです。語呂合わせのために、四音節の動物なら、別にウグイスでなくても、クマゼミでもスズムシでもオオカミでも、鳴く虫や動物ならなんでもよさそうなものですが、ここでウグイスが登場するのは、やはり「梅にウグイス」の連想がはたらいたからなのでしょう。平安京は梅の都としてスタートしたのです。

そう言うと「えっ」と問い返されるかもしれませんね。京都の「花」といえば、桜。平安時代の文学作品に単に「花」とあれば、それは桜のことをいうのだと、国語の時間に教わりますから。

それがきょうのテーマなのです。梅の都は、いかにして桜の都に変わっていったのか。

中国の国の花が、梅だった時期があることを知っていますか? 台湾の中華航空の機体には、今も大きな梅の花があしらわれています。古来、中国文明において、梅は君子つまり立派な人物の象徴として尊重されてきました。

ヤマト政権の人たちが、そのまねをして梅を大事にしたのは言うまでもありません。『万葉集』で詩人たちが愛《め》でる花は、梅です。馥郁《ふくいく》たる香りを持つこの早春の花は、「匂ふがごとく」といわれた奈良平城京につづいて、桓武天皇が創建した当初の平安京でも、咲き誇っていたことでしょう(文庫版補注:令和の典拠は『万葉集』の梅の歌です)。

九〇一年、菅原道真は政変で失脚し、そのまま九州大宰府で没しました。彼も梅を愛した詩人で、そのため道真を神として祭る天満宮には、必ず梅が植えられています。彼の子孫を称する人たちは梅鉢《うめばち》を紋所《もんどころ》としました。江戸時代最大の大名、加賀の前田家もそうです。前田家の江戸邸跡地である東大本郷の赤門《あかもん》近辺に残る土塀には、梅が彫り込まれています。

しかし、この菅原道真の建白書によって遣唐使は廃絶し、唐が滅びてしまったこともあって、遣唐使時代は終わりを告げます。道真が亡くなった直後の九〇五年、平安京では紀貫之《きのつらゆき》たちにより『古今和歌集《こきんわかしゅう》』の編集が行われました。世に言う「国風文化《こくふうぶんか》」時代の到来です。

貫之はその後、国司として赴任していた高知県から都への帰路を紀行文ふうにまとめた『土佐日記』を著します。冒頭の一文、「男もすなる日記といふものを、女もしてみむとてするなり」は、古典の文法教科書で助動詞「なり」の用法説明に必ず使われますね。「すなる」の「なる」は伝聞、「するなり」のほうの「なり」は断定の助動詞である、と。この一文は、男の貫之が女のふりをして、男のものだった日記を女文字である「かな」で書いてしまったという、ややこしく入り組んだ内容です。

『古今和歌集』と『土佐日記』は、今さら僕が言うまでもなく、平安かな文学の草創期を代表する古典です。そのほか、『竹取物語』や『伊勢物語』が、やはりかなで書かれました。こうして、十世紀末から十一世紀はじめにかけて、紫式部《むらさきしきぶ》・清少納言《せいしょうなごん》をはじめとする女流文学者たちによって、かな文学の黄金時代が現出します。時に、政治的には藤原道長《みちなが》を頂点とする摂関政治の時代でした。

伝承によれば、紫式部が『源氏物語』の構想を得て書き始めたのが一〇〇八年だとかで、二〇〇八年はその一千周年、日本内外で記念行事や学会が開かれました。日本が世界に誇る文学作品、しかも千年も前に書かれていながらいまだに色あせぬ恋愛小説の傑作。その誕生を祝うのは、日本人たるものの責務でありましょう。

でもねえ、僕は『源氏物語』が好きではありません。個人的に好みかどうかという次元ではなく、君たちに国語の教材として学校で教えるに適切な内容の小説かどうか、はなはだ疑問なのです。

自慢じゃありませんが、僕は高校のときに『源氏物語』を通読しました。それも、谷崎潤一郎《たにざきじゅんいちろう》や瀬戸内寂聴《せとうちじゃくちょう》の現代語訳ではなく、原文で、です（もちろん写本とか江戸時代の版本とかではなく、活字になっていて語釈もついている、現代の版によってですが）。そして読み通してみての結論は、「『三国志演義《さんごくしえんぎ》』のほうが、ずっと面白い」。

まあ、これは僕が男だから持つ感想かもしれませんが、しかし実は江戸時代にも、そう思う人はたくさんいたはずです。『源氏物語』が平安時代以来、ずっと日本人みんなに愛されてきた古典だというようなことはありません。中学・高校の国語の教材になったことにより、日本人全員がいやおうなく学習する対象になったのは、実は二十世紀になってからにすぎないのです。

かたや、『三国志演義』は教材になっていません。理由は、「『源氏物語』は日本の小説だが、『三国志演義』は中国の小説だから」です。中国の古典は日本古典と区別して、「漢文」として学ばれますが、『三国志演義』はそちらにもはいっていません。『三国志演義』というのは十五世紀ころの小説で、もとの話は三世紀の正史『三国志』に載っています。そう、例の「魏志倭人伝」の載っているあの本です。でも、『三国志』が漢文教材になることもまれで、教材としては『史記』とか『十八史略』とかが主流です。いずれにしろ、江戸時代には広く読まれた『三国志演義』は、明治以降の学校教育の現場からは追放されました。学校以外では、本だけでなくゲームになったりもして根強い人気を持っているのは、君も知ってのとおりです。

一方、『源氏物語』は、京都の公家たちのあいだで読み継がれていました。それが江戸時代になってから、一般庶民にも浸透し始めます。なかでも本居宣長の功績は、やはり巨大でしょう。彼以降、この長編恋愛小説は「もののあはれ」を描いた不朽の名作として、日本人なら誰しも読むべき古典に祭り上げられるのです。

8 「国風」の意味

「国風文化」ということばは、国風であることがよいのだという暗黙の価値評価を前提にしていて、実は非常に強い政治性を持っています。

そもそも、「国風」というのは中国の古典に見えることばです。その意味では、ほかのあれこれに関してもいつもそうなのですが、日本で「日本独自」であると誇るために、中国のことばや概念に頼っているわけです（文庫版補注：令和の出典もじつは『万葉集』より古い中国の古典である『文選《もんぜん》』です）。

「国風」とは、「くにぶり」という意味。もともとは民謡的な詩集で、のちに儒教の古典に編入された『詩経《しきょう》』という作品集のなかで、王様がいる都以外の、地方の歌を収めた部分につけられた呼称です。それから転じて、中央とは異なる地方文化という意味を帯び、それが文明の中心たる中国とは違う日本独自のありかたとなり、そしていつのまにかこの「国」が、「いなか」ではなく「日本国」になってしまった、ということなのでしょう。今では、「唐風《とうふう》」ということばの対立概念として使われるのが普通です。

しかしその場合でも、これを「国風＝日本風」、「唐風＝中国風」と訳して理解するのは間違いだと、僕は思います。このころの唐すなわち中国とは、世界基準の普遍的文明という意味あいですから、この対比は「日本固有」と「世界共通」として捉えるべきでしょう。世界共通の漢字漢文とちがって、日本固有のかな文字によって表現されたものが、「国風」なわけです。

ただ、最近では、単にかな文学だけを国風として評価するのではなく、漢文の文体にも日本人固有の特徴を見いだし、それを国風の表れと理解する傾向が強くなっています。山川の教科書にもこうあります。

貴族は公式の場では従来通り漢字だけで文章をしるしたが、その文章は純粋な漢文とはかなりへだたった和風のものになった。

たしかにそのとおりで、平安時代以降の公家の日記は、中国や韓国の人が読んでも意味を理解するのに相当苦しむでしょう。その点では「世界共通」とは言えません。でも、彼らがそうしてまで漢文で日記を書こうとしたということを、僕はやはり重視したいのです。紀貫之がいたずら半分に「男もすなる日記」と言って、かなで日記を書いたことに象徴されるように、やはり日記は漢文で書かれるべきものだったのです。いま、僕らは『土佐日記』を日記の傑作だとして学校で教わります。もし、平安時代以降、江戸時代にまでいたる公家や僧侶たちが、僕らが教わっているのとまったく同質の感じ方をしていたのであれば、どうして彼らは『土佐日記』を手本にして、かなで日記をつけなかったのでしょう。なぜ「純粋な漢文とはかなりへだたった和風のもの」とまで言われながらも、漢文で日記を書き続けたのでしょうか。

日本人の書く英語はすぐにそれとわかるといいます。たしかに僕の乏しい経験からしても、僕なんぞよりはるかに英会話が堪能な人の文章でも、日本人であれば、英語ネイティブの人たちとは明らかに異なる構文や表現を用いています。だから間違いだとまではいえないのでしょうが、英語ネイティブの人たちに校閲《こうえつ》を頼んで添削をうけるのは、もとの文章が「和風」だからでしょう。いや、「国風英語」というべきなのかな。

たとえ「和風」であろうとも、漢文で書かれたものは国際標準規格に辛うじて合格しています。いや、審判員によっては失格の判定を下すでしょうが、本人たちは合格すべく努力して、この和風漢文を紡いでいたのです。中国や韓国の人にとっても、かなという、彼らには全く理解不能な文字で日本語の構文どおりに書かれるよりは、多少の間違いがあっても、中国語の文法を規範として、いちおうはその語順に従って漢字が羅列されているならば、なんとか文意を汲みとることができました。その点で、これはやはり国際規格に合った世界共通語なのです。

もちろん、和風を和風として高く評価したい、という心境は僕にも理解できます。でも、ひいきのひきたおしで、「かなで書かれていれば日本の誇るべき文化遺産、漢字で書かれているのは所詮は外国のまねごと」という評価は、どこか歪《ゆが》んでいる気がしてなりません。『古今和歌集』所載の歌には、たしかに傑作もあるでしょう。それに対して日本人の漢詩は、菅原道真にしたところで、杜甫《とほ》や李白《りはく》には及びもつかないかもしれません。でもだからといって、前者だけを評価するのはいかがなものでしょうか？　桜はたしかに、日本が世界に誇る美しい花です。でも湯島天神《ゆしまてんじん》や水戸偕楽園《かいらくえん》や九州太宰府で有名な梅の花も、本場中国に引けをとらない、いい花ですよ。

9　桜花のイメージ

西暦一八六〇年の三月三日の朝、もちろんまだ当時は旧暦ですから、ほんとうは今の四月のことですが、江戸には雪が積もっていました。時の大老井伊《いい》直弼《なおすけ》は、そのなかを自分の邸から江戸城に登城する途中、テロリストたちに襲われて暗殺されます。一説に、直弼は事前にこの襲撃計画の存在を知った友人から、通勤路を変更するよう助言されましたが、「武士たるもの、そのようなことをしては臆病者よと、物笑いの種になる」とこれを拒絶、あえていつもどおりの道を通って被害に遭ったといいます。本当かどうか定かではありませんが、安政の大獄によって評判の悪い直弼にも、武士道精神、大和魂が生きていたことを示す逸話です。

この暗殺事件は、発生した場所の名をとって「桜田門外《さくらだもんがい》の変《へん》」と呼ばれています。これは偶然なのですが、この門の名が、右に紹介した逸話にぴたりとはまっている感じがします。武士たるもの、潔《いさぎよ》く散らねばならぬのですから。失礼ながら、「梅田門外の変」とか「桃田門外の変」では、何かしっくりきません。やはりこれは「桜田」にかぎるのです。

作家舟橋聖一《ふなはしせいいち》が、井伊直弼の側近・長野主膳《ながのしゅぜん》を主人公に描いた長編小説の題を、『花の生涯』といいます。平安時代のかな文学以来、単に「花」といえば、それは桜を指します。平安末期の歌人・西行法師《さいぎょうほうし》の有名な和歌、

願はくは　花のもとにて　春死なん　そのきさらぎの　もちづきのころ

きさらぎ（如月）は二月、もちづき（望月）は満月の日、すなわち十五日。お釈迦さまが亡くなったとされている日です。西行法師は、自分も釈迦と同じ日に死にたいと言っているのですが、それは仏僧としての宗教心からというよりは、桜の花のもとで死にたいという、美的願望によるもののように見えます。散りゆく桜の花びらとともに、生命を終えたいというわけです。そして、彼は二月十六日に亡くなったそうです。

赤穂浪士《あこうろうし》の吉良《きら》邸討ち入りのきっかけとなった、浅野内匠頭《あさのたくみのかみ》の殿中刃傷事件《でんちゅうにんじょう》は、三月十四日に起きました。その晩、彼は切腹して果てます。映画やテレビでは、このとき必ず桜の木を映し、そこからはらはらと落ちる花びらの上に、彼が突っ伏す光景

を描き出します。桜のようにはかなく逝《い》った悲劇の主人公、という図柄を作るために。井伊直弼は三月十五日と三月十四日のちょうど真ん中あたりで殉難《じゅんなん》したのですが、道に積もる白雪、そこを紅《くれない》に染める鮮血、そして上から舞い散る桜の花びら、というのは絵になる光景でしょう。

しきしまの　やまとごころを　人問はば　朝日に匂ふ　山桜花

本居宣長の歌です。桜ほど日本人の心をとらえてきた花は、ほかにありません。前々回、梅から桜への変化について話しはじめましたが、端的にいえば、梅は唐風、桜は国風だろうということです。

桜は、中国にもこの花はありますが、日本のように詩歌や恋愛や人生において重要な役割を果たしてはいません。国風文化の形成にともなって、京都の上流階級の人たちのあいだに、いつしかこの花への深い愛着が広がっていったようです。そしてそれは江戸時代までに、一般庶民にも浸透していきました。

祇園精舎《ぎおんしょうじゃ》の鐘の声　諸行無常《しょぎょうむじょう》の響《ひびき》あり　沙羅双樹《さらそうじゅ》の花の色　盛者必衰《じょうしゃひっすい》の理《ことわり》をあらはす。

これは『平家物語』の有名な冒頭です。ここでの花は沙羅双樹であって、桜ではありませんが、この沙羅双樹というのはインド原産の常緑樹だそうで、どうも花を愛《め》でるための樹木ではなさそうです。二月十五日にお釈迦さまが亡くなると、常緑樹であるはずのこの木も白く枯れてしまった、という言い伝えがあり、それで沙羅双樹の花の色も、「変わるもの」の象徴としてここで使われているのでしょう。

しかし、鎌倉時代の日本人でインドに行ったことのある人など誰もいません。平氏の公達《きんだち》と同世代の栄西《えいさい》は、中国からインドに行こうとして果たせず、結局、日本に禅宗を持ち帰ってきたとされています。『平家物語』のこの一節を口ずさむとき、多くの人が桜のイメージを思い描いているのではないでしょうか。咲き誇る桜花は、あっというまに散っていく。それこそが「盛者必衰の理」なのです。

これを仏教では「諸行無常」といいます。『涅槃経《ねはんぎょう》』というお経にある語で、すべてのものは生滅を繰り返してとどまることがないという意味です。『平家物語』と同じ時期に書かれた、鴨長明《かものちょうめい》の『方丈記《ほうじょうき》』の冒頭は、これまた有名ですよね。

行く河の流れは絶えずして、しかももとの水にあらず。澱《よどみ》に浮かぶうたかたは、かつ消えかつ結びて、久しくとどまりたるためしなし。

無常という発想は、日本の伝統文化を知るための重要なキーワードだと言えましょう。

10 無常ということ

「栄華」ということばがあります。意味は栄えること、富貴《ふうき》であることです。もともと中国で使われていた熟語ですが、日本で使われるときには、少しニュアンスが異なるような気がします。きのう述べた「諸行無常」の意味合いをこめているような感じがするのです。永遠に続く「栄華」はないのだぞ、とでもいうように。

それはやはり、ここに「華」という字が使われているからかもしれません。中国の正式国名は「中華人民共和国」。つまり、国号の核をなしているのは「中華」ということばです。これは、「世界の中心にあって華のように輝き栄えている」という意味でしょう。でも、日本で「栄耀栄華《えいようえいが》」というと、すぐそのあとに「没落」が待っているような気配を伴ってしまいます。なぜなんでしょう。

『栄花物語』(『栄華物語』とも表記)は、藤原道長を主人公とする歴史物語です。文字どおり、その主題は彼とその一族の栄耀栄華です。しかし、それは未来永劫《えいごう》にわたる繁栄を言祝《ことほ》ぐという主張にはなっていません。どこかもの悲しく、やがて来るであろう避け得ぬ「死」を意識した内容になっています。

巻十五「うたがひ」は、太政大臣にまで昇りつめた道長が、病気になり出家する場面を描いています。「このたびこそは限りなめれと思さるるにも、もの心細く思さる(今度こそはもうこれまでであるらしいとお思いになるにつけても、なんとなく心さびしく感じずにはいらっしゃれない)」。国の最高権力者、並ぶ者なき権勢を握る男が、ちょっと病気になったくらいでこんなに弱気になるものでしょうか。それは、当時一般に「あまりの幸運は災いを呼ぶという思想」(小学館版『新編日本古典文学全集』三二、一七二頁頭注)があり、道長もそう信じていたからです。「さても心のどかに世をたもたせたまひ、並びなき御有様にてあまたの年を過ぐさせたまへば、世の人もいと恐ろしきことに申し思へり（さて大殿（＝道長）は、泰平に世をお治めになり、並ぶ者もないご様子で長年お過ごしであるから、世間の人も、万一のことがあってはと、いかにも恐ろしいこととして、それを口にしたり思ったりしている）」。

かくして道長は「ただ出家せさせたまひて、この京極殿の東に御堂建てて、そこにおはしまさんとのみ思さるる（ただ出家なさって、この京極殿の東に御堂を建てて、そこにおられようとのみお思いになる）」ようになります。ほどなく出家本懐を遂げ、『法華《ほけ》経《きょう》』の教えに深く帰依《きえ》して仏事《ぶつじ》善行《ぜんぎょう》を積み、聖徳太子創建の四天王寺や弘法大師空海が開いた高野山に参詣します。道長は聖徳太子および空海の生まれ変わりとみなされていたからです。この巻は、仏教の無常思想を説いたうえで、「ただこの殿の御前の御栄花のみこそ（ただこの大殿様のご繁栄だけが）」幾久《いくひさ》しく続くであろう、と言祝《ことほ》いで結ばれています。

平安時代の人たちを、最高権力者の藤原道長ですら例外なく捉えて放さなかった、仏教の諸行無常の思想、それには仏教の歴史認識としての末法《まっぽう》思想の考え方が、深く関わっています。釈迦没後、この世界は正法《しょうぼう》、像法《ぞうぼう》、末法の三つの歴史段階順に、堕落衰滅していくと考えられていました。そして計算によると、道長の時代は像法の末にあたっていたのです。要するに、華やかな平安京の貴族文化は、その背後に「世界の終わり」を意識して営まれていたことになります。

浄土思想が流行したのも、そのためでした。阿弥陀《あみだ》如来《にょらい》の救いの手に身をゆだね、極楽往生《ごくらくおうじょう》を願うことが、彼らの究極の人生目標でした。この世の栄華ももちろん大事だったでしょうが、それ以上に、死後の安楽を願う気持ちが強かったのです。道長の息子の頼通《よりみち》が宇治平等院《うじびょうどういん》に鳳凰堂《ほうおうどう》を建立し、それをまねて奥州平泉の藤原氏が無量光《むりょうこう》院《いん》を造り、そうして阿弥陀如来の来迎《らいごう》を祈願したのでした。道長が大事にしたという『法華経《ほけきょう》』も、そういう教えを説いた経典として流布《るふ》していたのです。

しかしまた何を好んで、彼らは仏教の教えのなかから、そんなものを選び出して信仰していたのでしょう。空海や円仁たちが持ち帰った呪術的な密教は、加持祈禱《かじきとう》の際に使われ続けていました。でも、その力だけでは防げないもっと恐ろしいものを、彼らは感じ取っていたにちがいありません。

その恐ろしいものこそ、怨霊《おんりょう》でした。作家井沢元彦《いざわもとひこ》氏も言うように、実際に怨霊がいたかいなかったかではなく、当時の人たちがその存在を信じていたことそれ自体が重要なのです（『逆説の日本史』小学館）。神や仏や鬼や霊を信じている人たちのことを理解するには、そうしたものがいるという前提で、彼らと一緒に世界を眺めてみる必要があるでしょう。

朝廷内部のさまざまな政治抗争の犠牲者たちが、いろいろな理由で怨霊となり、祟りをなしていました。あるいは、失恋や離婚を恨みに思って、すでに死んだ者やまだ生きている人も、その霊が加害者に復讐を企てていました。『源氏物語』や『今昔物語集』には、そうした事例がたくさん出てきます。この種の話は、たぶん、日本史と国語（古典）のはざまにあって、なかなか学校の授業では教えてくれないところでしょう。でも、それなくして日本の歴史は理解できないと、僕は思います。

J　平安時代最強の怨霊

前回に引き続き、怨霊の話をしましょう。

平安時代の最大最強の怨霊は、誰あろう、あの菅原道真《すがわらのみちざね》です。政治家としても学者としても超一流だっただけに、恨みを呑んで死んでからのパワーも格別だとみなされていたのです。

平安時代のかな文字による歴史物語として、『栄花物語』と双璧《そうへき》をなすのが『大鏡《おおかがみ》』

です。そこでは、藤原時平《ときひら》の伝記紹介の章に、当の時平をしのぐ分量で、道真の事績が紹介されています。ちなみに、この二人は生前に政敵だったのみならず、死後もこの道真伝説の影響で、歌舞伎などで必ず敵同士として登場します。

道真は九〇三年二月二十五日に、大宰府で無念の思いをいだいて亡くなると、さっそく怨霊としての力を見せ始めます（そう、亡くなったのは「きさらぎ」ですね。西行の「もちづき」よりは九日遅れますが）。天皇が住む内裏《だいり》が、八回もたて続けに火災に遭《あ》うのです。その再建工事を担当していた大工が、前の日に鉋《かんな》をかけてなめらかに仕上げたはずの板に、一晩のうちに虫食いがあるのを見つけました。しかも、その虫食いが文字の形になっていて、それがちゃんとした和歌になっていたのです。

つくるとも　またも焼けなむ　すがはらや　むねのいたまの　あはぬかぎりは

小学館版の『新編日本古典文学全集』の口語訳を拝借しましょう。「内裏を幾度造り替えても、また焼けてしまうだろう。この無実の菅原の胸の痛みの傷口が合わぬ限りは」。「むね」は「棟」と「胸」、「いたま」は「板間」と「痛み」の掛詞《かけことば》になっているのです。余談ながら、この掛詞という技法は、平たくいえば地口洒落《じぐちしゃれ》のことですね。最近は「おやじギャグ」とかいって馬鹿にされますが、かつては国風文学の誇るべき技法だったんですから、もっと見直してください。

道真の怨霊がたびたび内裏に火災を起こしたのは、彼が雷の神となったからでした。実際、九三〇年六月二十六日に内裏の清涼殿《せいりょうでん》に落ちた雷は、反道真派だったとされる貴族二人を直撃して即死させました。道真左遷《させん》の決定を下した醍醐《だいご》天皇も、これを機に病気となり、天皇をやめ、すぐに亡くなっています。もちろん、僕はこの落雷が道真の祟りだとは思いません。でも当時の人たちはそう信じ、そして、そう信じた結果にもとづいて行動したのです。

いまでも残るその行動の成果が、京都は北野《きたの》の天満宮《てんまんぐう》です。いわずとしれた受験の神様ですね。太宰府でも、湯島《ゆしま》でも、亀戸《かめいど》でも、天神《てんじん》様は受験生に大人気です。それは道真が学者として偉大であったため、それにあやかりたいという信仰心のなせるわざですが、もともと北野天満宮は、道真の祟りを鎮《しず》めるために造られたのでした。

前回話題にした藤原道長と、この菅原道真とを比べてみましょう。かたや、権勢並ぶものなき権力者として、栄耀栄華《えいようえいが》を味わい尽くしました。こなた、失脚して辺境の地に流され、失意のうちに世を去りました。生きているときの幸福度は、圧倒的に道長の勝ちでしょう。ところが、道長はその絶頂期にも死への不安におびえ、出家し、多くの善行功徳を積むことで極楽往生を願いました。一方、道真は死してのち強大なパワーを手にし、天皇や同僚たちを殺して恨みを晴らし、慰撫《いぶ》されて天神となり、今にいたるまで多くの参拝者から賽銭《さいせん》と祈禱《きとう》料を集めまくっています。こう考えると、どちらが幸福だかわからなくなってきます。

もちろん、何度も言うように、僕は道真の怨霊を信じていません。ですから、天神様の受験の神様としての霊力もほんとは信じていません。前には、いちおう頭をさげて賽銭をあげ、君の合格祈願もしたけれど、君が受験に合格したのは道真さんのおかげだなんて思っていません（この罰当たりが！ かな）。

でも、道真には霊力があると信じる人たちが、天神信仰を作り上げ、守り続けてきました。そしてそれは、日本の伝統文化の無視できない要素となっています。

鎌倉時代、禅宗《ぜんしゅう》を日本に広めようとしていた円爾《えんに》という僧侶が、いいアイデアを思いつきます。道真信仰を利用すること、です。「わしの夢に天神様が現れて、お前が中国で教わってきた新しい教え（もちろん禅のこと）を学びたいので、中国に行ってくるとおっしゃっていた」。こうして「渡唐天神《ととうてんじん》」伝承が生まれ、その像が、絵も彫刻も、数多く造られるようになります。道真人気にあやかり、「あの天神様でさえ学ぼうとした尊い教え」として、禅仏教は日本全土に広まっていくことができました。遣唐使を「白紙」に返して生前は渡唐しなかった道真は、死後そうすることで、日本仏教の発展に寄与貢献したのでした。

Q 『今昔物語集』の世界観

日本は仏教国です。前に聖徳太子伝説について話したとおり、かつて厩戸王を聖徳太子としてもてはやした理由の一つは、彼が日本仏教の礎《いしずえ》を築いた人物とみなされていたからです。

『今昔物語集《こんじゃくものがたりしゅう》』は知っていますよね。平安時代の後期、十二世紀に成立したとされる説話集です。芋粥《いもがゆ》を食べた貧乏公家の話や、禅智内供《ぜんちのないぐ》の鼻の話は、芥川龍之介《あくたがわりゅうのすけ》が近代的な短篇小説に作り替えたことでよく知られています（内供の場合は、「花の生涯」ならぬ「鼻の障碍《しょうがい》（＝邪魔なこと）」で、僕の場合は花粉症でこの時期、やはり鼻が邪魔ですが）。

これらよく知られた説話の数々は、『今昔物語集』のなかで「世俗」という名の部門に収められています。では、「世俗」と対《つい》になる部門は何かというと、「仏法《ぶっぽう》」です。この説話集はそもそも、説話の舞台によって天竺《てんじく》（＝インド）・震旦《しんたん》（＝中国）・本朝《ほんちょう》（＝日本）の三つの国、要するに、平安時代の人たちの地理認識では全世界のお話を集めた体裁《ていさい》になっています（ここで韓国を数えていないことに注意したいですね。新羅のことは当然知っていたはずですから。日本はインドや中国と同列・同格であり、新羅や渤海《ぼっかい》国は格が下なのだという意識がはっきりわかります。決して誉められたことではないですが）。

それら三国のお話がまた、仏法と世俗とに分かれているのです。そしてその分量たるや、天竺と震旦ではどちらも五巻ずつのうち、仏法に四巻、世俗にはわずか一巻しか割《さ》いていません。本朝でも、ともに十巻ずつです。いかに仏教説話が大きな割合を占めているかがわかるでしょう。近代になって評価され、芥川の小説や古典の教科書に採られているのは、もっぱら世俗の説話ですが、実は仏教的な宗教説話が、この物語集のもう一つの側面でもあるわけです。

その巻十一、すなわち本朝仏法の最初は、「今は昔、本朝に聖徳太子と申す聖《ひじり》、おはしましけり」で始まる、聖徳太子の一生を述べたお話です。その結びは、彼の功績によってはじめて我が国に仏教が広まったことを誉め称え、「心あらむ人は、必ず奉じたてまつるべしとなむ語り伝へたるとや」となっています。

以下、行基《ぎょうき》（＝東大寺大仏建立に奔走した人物）・役行者《えんのぎょうじゃ》（＝伝説上の山伏《やまぶし》の祖）・道照《どうしょう》・道慈《どうじ》・玄昉《げんぼう》（＝三人とも唐に留学した人物）・婆羅門《ばらもん》（＝インドからやってきた僧）・鑑真《がんじん》・空海・最澄・円仁・円珍と、仏教伝来に貢献した高僧たちの伝記が続きます。

ただし仏教は、必ずしも平和的な宗教ではありません。とりわけ密教は、前にも述べたように、現代社会における科学技術に相当します。円仁・円珍は唐で法詮《ほっせん》という高僧から、天台密教を伝授されたのでした。そして『今昔物語集』でも、その伝授のことを記録しています。特に巻十四の巻末、四十五番目のお話は、日中韓にまたがる拡がりを持っています。

ある時、日本の朝廷で、「最近、新羅が言うことをきかないので、懲《こ》らしめるために戦争を仕掛けよう」ということになりました。その将軍として藤原利仁《としひと》という人が選ばれます。この人は『今昔物語集』で鎮守府将軍《ちんじゅふしょうぐん》として紹介されていますが、実際にその任について奥州に赴任していたことがある、軍事に心得のあった貴族のようです。新羅の国では、占いによって外国の軍隊が攻めてくるとわかりました。そこで、その調伏《ちょうぶく》がなされることになり、「大宋国」から法詮（物語では「法全」と表記）が招かれます。法詮は唐の時代の人ですが、『今昔物語集』が編まれたときにはすでに宋代になっていたので、こう言われているのです。逆に、宋に赴《おもむ》いた僧侶たちのことを「入唐《にっとう》」と称したりもしています。このあたりも、日本で中国の国名を、その時その時に正確に記録したわけではなく、漢とか、唐とか、宋とかをまぜこぜにして使っていたことがわかり、興味深い点です。

さて、当時ちょうど円珍は法詮のところにいたので、新羅での祈禱に参加しました。ただ、新羅では「外国の軍隊」というだけで、それが日本のこととは知らなかったので、円珍もまさか自分の祖国に向かっての調伏とは思っていませんでした。所定の期間の祈禱が終わり、壇上におびただしい血が湧いたのを見て、法詮は「調伏は成功した」と言って「宋」に帰国します。そのころ、日本では利仁が病に斃《たお》れ、急死していました。しばらくして帰国した円珍は、新羅で自分も参加した調伏の祈禱が、なんだったのかを悟ります。

さあて、このお話の結びはなんだと思いますか。知らぬこととはいえ、祖国の将軍を呪い殺してしまった円珍が、以後は一切こうした黒魔術の類を使うのをやめた、という教訓話ではありません。円珍は全然反省しないのです。そうではなくて、利仁が最期にあたって、目に見えぬ魔物に向かって刃を向けて死んだことを、「やはりこの方はただ者ではなかった」と評価し、「然《しか》れども、法のしるしいちぢるしきが故に、忽《たちま》ちに死ぬるなりけりとなむ、語り伝へたるとや（しかしながら仏法の力があまりにすごいので、すぐに死んでしまったと語り伝えられているのです）」。どんなに強い武人も、高僧による仏法の祈禱にはかなわないんですよ、おしまい、というお話です。

僕は決して狭量《きようりよう》な愛国者ではありません。本書の随所で、狭量な愛国主義者を批判しているとおりです。しかしこの話は、さすがの僕にも、あまりにもひどいと思われます。隣国新羅が無礼だったので、それを懲《こ》らしめようと派遣されることになってい た軍隊の指揮官が、中国の坊さんに呪い殺されてしまった。それだけでも腹が立つのに、しかもその祈禱にわが日本国の秀才、円珍和尚までが参加していた。まさしく「知らぬが仏」で致し方ないとはいいながら、帰国後そのことを知っても、円珍は何の責任もとりません。まったくひどい話です。これが昭和の初期なら、円珍は「非国民」呼ばわりされ、公的地位から追放されていたはずです。

しかしこんなことを考えるのは、僕が近代的な感性を持つからなのでしょう。『今昔物語集』の編者はとてもおおらかに、仏法の力のものすごさを讃えて終わっています。そこには、異国の坊主に自国の将軍を殺された怨みは、いっさい窺《うかが》えません。

平安文学に「もののあはれ」を感じとるのも結構ですが、それとは異なるこうした側面についても、きちんと君たちに伝えていく責務が、学校教育にはあるのではないでしょうか。何か事が起こるとすぐに国同士の喧嘩沙汰や戦争にするのは、近代人の狭い了見にすぎないのだということを。

いえいえ、近代になって急にそうなったわけではありません。法詮、円珍のこの調伏を「日本人として許せない」とする感性は、『今昔物語集』のあと、武士たちの間に芽生えてくるようになっていました。

K　仁義道徳は人を食らう

あすで期末試験が終わりますね。お疲れさま。

さっき訊いていた魯迅《ろじん》『故郷』について、僕の予想問題が当たるといいね。主人公が閏土《ルントウ》に久しぶりにあったときの、いわくいいがたい感慨。子どものころは対等に遊べたのに、大人になって身分の差を意識する、そんな社会のありかたに対する、作者魯迅の批判、という。

魯迅は中国近代を代表する文学者です。原文はもちろん中国語ですから、その作品が「国語」の教材になっているというのも奇妙な話ではありますが、僕らのころと変わらず、今でも教科書に掲載されているのは嬉しいかぎりです。『源氏物語』よりよっぽど考えさせられる、為《ため》になる話でしょう。

その魯迅に『狂人日記』という小説があります。タイトルどおりの内容です。その一節を、教科書の『故郷』と同じ竹内好《たけうちよしみ》の訳で引用してみましょう。

もの事はすべて、研究してみないことにはわからない。むかしから絶えず、人間を食ったように覚えているが、あんまりはっきりしない。おれは歴史をひっくり返してしらべてみた。この歴史には年代がなくて、どのページにも「仁義道徳」といった文字がくねくねと書いてある。おれは、どうせ睡れないから、夜中までかかって丹念にしらべた。そうすると字と字の間からやっと字が出てきた。本には一面に「食人」の二字が書いてあった。（岩波文庫版『阿Q正伝・狂人日記』、一

九頁）

この「仁義道徳《じんぎどうとく》」を説いた本とは、儒教の古典、『孟子《もうし》』のことです。そのなかには、たしかに「食人」という表現が出てきます。と言っても、ここで主人公の狂人が言うように、文字どおりに「人を食べる」という意味ではなくて、難しいですが、「人をやしなう」という意味です。農民のような肉体労働者は「人をやしなう」役割を果たし、政治家のような精神労働者は「人にやしなわれる」という、社会的分業を主張する文脈です。もちろん魯迅はそのことは承知しており、そのうえであえて主人公にこう解釈させているのです。

なぜでしょうか。それは、「仁義道徳」を説く儒教が、「人を食べる」、すなわち弱者に犠牲を強いる非人間性をそなえた教説だからでした。「この歴史には年代がなくて」と主人公は言っています。この部分を僕流に解釈すれば、時や場所による違いを一切考慮せず、いつでもどこでも当てはまる普遍的な道理をふりかざし、百年一日《いちじつ》に「忠君愛国」を主張して人々に自己犠牲を強制する、そういう説教を延々と展開しているのが、この「仁義道徳」の書物だということです。

魯迅のお話は、二十世紀初頭の中国を舞台にしています。儒教は、日本でも古くから力を持ってきました。中国の儒教と日本の儒教にはいろいろと違いもあり、またそれが、両国の文化や慣習にかかわる本質的な問題でもあるのですが、ここではその話題には行きません。そうした差異には目をつぶり、儒教が唱える「仁義道徳」という側面に焦点を合わせてみたいと思います。

仁《じん》。孔子はこのことばを強調した思想家とされています。でも仁とはいったいなんなのか、定義するのは非常に難しいのです。孔子は『論語』のなかで、弟子によって異なった内容の説明をしています。のちに、にんべん（人）に「二」なので、「人が二人で助け合うさま」だという説明が、まことしやかになされたこともありますが、孔子のころにはこの字体ではなかったらしいので、この説明はかなり怪しいです。まあ、おおまかに「思いやり」といったあたりが無難でしょうか。

仁義の「義」は、孟子が孔子の仁につけたした概念だとされています。孔子も『論語』で「義を見てせざるは勇無きなり」と言っていますが、「仁義」という熟語は使いませんでした。孟子は、単なる思いやりだけではだめだと考えたのでしょう、「正しさ」「すじめ」という意味の、このことばを愛用しました。

道や徳ということばは、もちろん儒教でも使いますが、老荘《ろうそう》思想で重視された概念でもあります。『老子』に「大道廃《すた》れて仁義あり」ということばがあって、本当の道徳が無くなってはじめて、孟子のようにことあらためて仁義を説く必要が生まれたのだ、と皮肉をこめた言い方をしています。でもまあ魯迅の使い方をふくめて、仁義道徳とつなげて用いたら、それは儒教の教説のことです。

人間社会の本来あるべき姿を普遍的なものとみなし、いつでもどこでも人が守るべき規範は変わらないとして、その内容を説いたのが、儒教の仁義道徳でした。親には孝《こう》、主君には忠《ちゆう》というのが、その基本です（あと、夫には貞節《ていせつ》というのと合わせて、父子・君臣・夫婦の三綱《さんこう》、すなわち人間関係の基本形態になります）。

かの『平家物語』には数々の名場面がありますが、その一つに平重盛《しげもり》が父の清盛《きよもり》を諫《いさ》める箇所があります。巻二「烽火之沙汰《ほうかのさた》」という段です。清盛は後白河法皇《ごしらかわほうおう》と対立し、法皇を幽閉しようとします。そこで重盛は、法皇から平家一門が受けた恩顧《おんこ》を力説し、清盛の翻意《ほんい》を求めるのです。

悲しき哉《かな》、君の御《おん》ために、奉公の忠をいたさんとすれば、迷盧《めいろ》八万の頂《いただき》より猶《なお》たかき、父の恩忽《たちま》ちに忘れんとす。痛ましき哉不孝《かなふこう》の罪をのがれんと思へば、君の御ために既《すで》に不忠の逆臣《ぎやくしん》となりぬべし。（小学館『新編日本古典文学全集』四五、一三七～一三八頁）

（悲しい事だ、君の御ために奉公の忠を励もうとすると、須弥山《しゆみせん》の高い山頂よりももっと高い父の恩を、たちまち忘れる事になる。苦しいつらい事だ、不孝の罪をのがれようと思うと、君の御ためにもはや不忠の逆臣となってしまうだろう。）（同）

孝と忠という、儒教が説く二大徳目が両立しえない究極の特殊な状況において、重盛の心中はまさに塗炭《とたん》の苦しみを味わっているのです。のちに頼山陽は例の『日本外史』で、この場面を漢文特有の簡潔な表現によって、「忠ならんと欲すれば孝ならず、孝ならんと欲すれば忠ならず」と表現しています。

そうなのです、仁義道徳の教えは、武士たちによって尊重されていきます。朝廷の貴族たちには、仁義道徳はあまり縁がなかったようです。彼らのモットーは、宣長先生のおことばによれば、みやびな「もののあはれ」なのですから。

僕はここに、古代から中世への転換を見たいと思っています。

さあこれで、神代に始まった長い長い古代の話に幕を閉じ、より文明化された時代の話に移っていきましょう。

♣ 鋤《すき》の章

A 中世人のたくましさ

平安京に暮らす貴族たちが、栄耀栄華に明け暮れしつつも来世への不安にさいなまれて浄土信仰に帰依《きえ》し、また病気の平癒《へいゆ》や怨霊退治のために、密教の呪術に頼っていたころ、地方には別の動きが生じていました。武士団の形成です。山川の教科書を見ましょう。

9世紀末から10世紀にかけて地方政治が大きく変化していくなかで、地方豪族や有力農民は、勢力を維持・拡大するために武装するようになり、各地で紛争が発生した。その鎮圧のために政府から押領使《おうりようし》・追捕使《ついぶし》に任じられた中・下級貴族のなかには、そのまま在庁官人などになって現地に残り、有力な武士（兵《つわもの》）とな

るものがあらわれた。(七二～七三頁)

以下、記述は、彼らが一族郎党を従え、相互に連携して武士団を結成するようになって大規模化し、そうして平将門のような人物を生み出すにいたったと続きます。十一世紀になると、清和《せいわ》源氏《げんじ》や桓武《かんむ》平氏《へいし》がこうした武士団を広く組織し、武家の棟梁《とうりよう》になっていくというのです。このあたりの話は、前にもしましたね(四六～五五頁)。こうして「中世」が始まります。

「中世とは何か」は大問題ですが、僕なりに乱暴に言わせてもらえば、「古代の秩序が揺らいでいるが、これとは異質な近世の秩序がまだ生まれていない時代」です。つまりは、古代と近世の中間期です。

そんなこと当たり前で、なんの解答にもなっていないと思われるかもしれません。でも、おそらく中世の人たちは、自分たちが古代と異なる世界の住人であるという自覚を、持ってはいなかったのではないでしょうか。僕たちは、そのあとの近世の様相を知っているので、中世が古代とは違う、近世に向けて走り出した時期だとわかっています。しかし当人たちは、まだ自分たちがどこに行こうとしているのかを理解していませんでした。いや、歴史が必然的なものでなく、人間によって造られるものだとしたら、彼らはまだ新しい時代を生み出してはいなかった、と言ったほうが正しいでしょう。秩序の揺らぎのなかで喘《あえ》ぎ苦しみつつ、なんとか活路を求めていたのが中世の人たちではないかと、僕は考えます。

したがって、彼らは生きるということの達人でした。史料を見ていくと、古代のおおらかさや近世ののどかさとは違って、中世にはしたたかさが目につきます。古代の『古事記』や『日本書紀』の世界では、大王の一族まで平気で殺人を、しかも身内同士で起こしています。『源氏物語』に描かれた男女関係は、現代人も負けてしまうくらいの華やかさ、お盛んぶりです。一方、近世、江戸時代の人たちは天下太平を享受《きょうじゅ》して、もはや戦争を知らず、日々与えられた稼業に精を出し、その余暇に趣味の芸事に興じています。これら古代や近世と比較した場合、中世を特徴づけるのは、たくましさだと、僕は思うのです。

『古事記』では相手を殺すのに、特に理屈をつけてはいません。感情の赴くまま、「嫌いだから殺してやった」という感じの豪胆さがうかがえます。洗練された平安貴族は、さすがにそんな野蛮なことはしませんし、もしすればその怨霊に祟られますから、せいぜいが仏僧に依頼しての「調伏《ちょうぶく》」でしょうか。それでも、調伏に理屈は要りませんでした。「自分の敵だから」、それで充分でした。

しかし、「中世」と僕たちが呼ぶ時期になると、敵をやっつけるにも、それ相応の言い訳が必要とされるようになります。隣のヤツの土地がほしいときに、「俺は強いのだからよこせ」ではなく、「その土地の支配を誰それという方から委ねられた。お前はそうではないだろう」と言って追い出す。これが「中世」的なやりかたです。武家の棟梁《とうりょう》とは、このお墨付きを与える権威者でした。

当初、源氏や平氏といった武家の棟梁たちは、京都の朝廷から国司などの官人に任命してもらい、それを権威の根拠として、多くの武士団を自分の配下に組み入れていました。前に述べたように、やがて平清盛は、藤原氏や、貴族としての源氏が独占していた朝廷の高官の地位に、自分の一門をつかせ、平氏政権を樹立します。つづいて、源頼朝が鎌倉に独自の政治機構を作り上げ、朝廷とは全く別の組織で東日本を統治しはじめました。十三世紀には、鎌倉幕府の勢力は西日本にも浸透し、武家政権は朝廷を凌《しの》ぐ実力を具えるようになります。そして、建武《けんむ》の新政《しんせい》とその失敗により、室町幕府が誕生します。

結果を知っている立場からこう並べてみれば、武士がしだいしだいに実力を蓄え、貴族（公家）による朝廷をじわじわと追いつめて有名無実化し、荘園《しようえん》制度も破壊して、とうとう最終的に江戸幕府の創設により、全国津々浦々を幕府と諸大名が統治する「幕藩体制」が誕生した、という筋書きが描けます。江戸時代の歴史家たち、すでに紹介した林羅山《はやしらざん》・新井白石・徳川光圀・頼山陽といった人たちは、このことをすでに過去のこととして知っていました。もちろん、頼山陽にとっては、この歴史的変化は必ずしも好ましいことではなかったわけですが。

ところが、鎌倉時代や室町時代にいた人たち自身にとっては、自分たちの行く先がどうなるかは、まだ未確定だったのです。「中世」とは、この名前のつけ方からして不安定な時代です。「古代」と「近代」（もしくは「近世」）があってはじめて「中世」なのですから。古代の人が、自分の生きている時代を古代とは思っていないのと同じように、あるいはもっとそれ以上に強く、中世の人は、自分たちを中世人とは思っていません。だってそれは近世とか近代と自分の時代を呼んでいる人たちが、さかのぼって名づけた他称にすぎないのですから。自分で自分のことを「中間的な時代」の人と考えるはずがありません。

でも、さっき述べたように、古代や近世と比較した場合の中世の特徴というのが、たしかに存在するように、僕には思えます。ただここでも問題があって、従来は、近世・近代の側が自分たちのある種の価値判断を、善悪どちらにせよ、中世に対して押しつけていたところが大きいです。曰《いわ》く、「野蛮な中世」「封建的な中世」「自由な中世」などなど。

歴史を観るのは常に現在の側からですから、こうした偏見は免れがたい面もあります。しかし、できるだけそれを避けて、中世の人たちが自分たちの時代をどう自己認識していたかを、歴史学の用語で「心性史《しんせいし》」と呼ばれる手法を用いて、本書では述べていきたいと思います。

2　めまぐるしい十二世紀

期末試験、終了おめでとう！　この一週間、時間が経つのがすごく遅く感じられなかった？

一日はどんな日でも二十四時間、すなわち千四百四十分ですが、楽しいことがあると早く終わり、つらくていやなことのある日は、ゆっくりと時間がすぎていきますよね。「きょうは地球が自転するのを忘れているんじゃないか」と思えるくらいに。

歴史的な時間にも似たようなことがあると、僕は考えています。どの百年も、物理学的にはニュートンさんに言わせれば「均一」なはずですが、でも、ある百年間はゆったりと流れ、ある百年間はめまぐるしく流れる、ということがあるのです。日本の歴史の中で、十九世紀以前においては、十二世紀が一番めまぐるしかったように僕は思います。

いま十二世紀といいましたが、当時の日本では西暦を知るよしもなく、正確に一一〇一年から一二〇〇年までを切り取ってもあまり意味はありません。十二世紀とはいっても、少し時間をずらして、一〇八六年から一一八五年までの百年間、として受けとってください。

なぜこの二つの年を始点と終点にしたかというと、一〇八六年は堀河《ほりかわ》天皇が即位した年、一一八五年は壇《だん》ノ浦《うら》の合戦があった年だからです。

もっと詳しく説明しましょう。堀河天皇は先代の天皇が亡くなったから即位したわけではありません。父親の白河天皇はとても元気でした。でも、彼は息子に天皇の位を譲ったのです。隠居するため？　いいえ、白河天皇は退位して上皇《じょうこう》になっても、さらに出家して法皇《ほうおう》になっても、政治の実権を手放しませんでした。息子の堀河天皇が亡くなり、孫の鳥羽《とば》天皇が即位しても、さらには曾孫の崇徳《すとく》天皇が即位しても、彼はずっと最高権力者でありつづけます。なんと一一二九年に亡くなるまで、四十年以上にわたって「院」として政界に君臨していました。

以後、鳥羽上皇・後白河上皇・後鳥羽上皇と、十三世紀はじめにかけて百年以上にわたり、これと同じような状況が続きます。教科書で「院政《いんせい》」という用語で語られる政治形態です。そして、いまではこの時期から「中世」が始まるとみなされるようになりました。山川の教科書でも、院政を「中世社会の成立」という章の最初に置いています。

かつて僕らが教わったころには、中世は、鎌倉幕府の成立が画期《かっき》とされていました。前にも触れた、「いいくに（一一九二）作ろう鎌倉幕府」です。でもすでに述べたように、この年は単に源頼朝が征夷大将軍になった年、というより、彼の征夷大将軍任官を拒否しつづけた後白河法皇が亡くなった年にすぎず、幕府そのものはもっと前に誕生していました。最も早くにとれば一一八〇年の頼朝の鎌倉入りの時で、今はそう主張する研究者の勢いが強くなっています。この年、事実上の関東政権が生まれたわけですから、僕も部分的には賛成です。しかしやはり、平氏を滅ぼして安定的な体制になったのは、一一八五年と見るべきでしょう。しかもこの年、頼朝は弟義経を京都から追放しています。最初は義経を可愛がった後白河法皇から、「義経追討」の命令をもらい、さらに彼の行方を捜索させるための制度的保障（守護《しゅご》の設置）も得ています。

つまり、十二世紀の百年間は、中世最初の百年間として、院政から平氏政権、そして鎌倉幕府の成立という変遷を経たわけです。十一世紀がずっと摂関政治の時代だったこと、いや十世紀だって摂関政治だったことを考えれば、この変転は「めまぐるしい」と表現してもよいのではないでしょうか。

そしてそれ以後のことを考えてみれば、幕府の武家政権は、一八六七年の大政奉還《たいせいほうかん》まで七百年間続きます。十二世紀は政治的激動の時代だったわけです。

なぜそうなったのでしょう？　理由はいろいろあります。歴史の変化とは単純ではなく、さまざまな要因が複合的に作用し、それらの偶然が折り重なって生じます。そもそも白河院政が可能だったのは、彼の父である後三条《ごさんじょう》天皇が摂関家を外戚《がいせき》としていなかったからです。この親子は天皇として久しぶりに——十世紀初頭のあの醍醐天皇以来といってよいでしょう——自分で政治を取り仕切っていました。白河天皇の場合は、退位しても権力を手放さなかったために、それが院政へと発展したわけです。けれども院政を可能にしたのは、それだけではありませんでした。当時の家のありかたとその変質（氏族から各家へ、「家来《けらい》」の誕生、惣領制《そうりょう》、などなど）、荘園《しょうえん》の発達、地方統治システムの変化、武士団の成長、などが絡み合って、この統治体制が誕生したのです。

いや、日本国内の要因だけではありません。十二世紀は、東アジア全体に変動期でした。一〇八六年、白河院政が始まったのと同じ年、宋《そう》で政変が起こります。正確には前の年になりますが、改革政治を推進していた神宗《じんそう》皇帝がまだ四十歳の若さで亡くなり、反改革派が政権を奪ったのです。以後四十年間、両派の熾烈《しれつ》な政治抗争が展開し、あげくの果てに、北方の金《きん》という国によって、宋はいったんは滅ぼされてしまいます。一一二七年、靖康《せいこう》の変といいます。その後、宋は南方で復活し、金と対峙《たいじ》します。ところが金の北方に、今度は蒙古《もうこ》族の国家が産声《うぶごえ》をあげます。一二〇六年にはチンギス＝ハーンが即位し、新たな時代が到来することになります。日本の政治変動（たとえば鎌倉幕府の確立）はこれと無関係ではない、というのが僕の見解です。

ともかく、十二世紀はまさに「諸行無常」でした。『平家物語』や『方丈記』がそう語るのも、彼らがそれを実見・実感したからでしょう。

平清盛によって平氏政権が樹立されたとき、一部の人たちは「藤原氏に代わって、これからは平氏が外戚として政治を取り仕切るに違いない」と思ったかもしれません。ところがそれもつかの間、平氏はあっけなく壇ノ浦で滅亡してしまいます。

したがって、頼朝が鎌倉に作った政権も、いったいいつまで続くものやら、当時の人には先が見えなかっただろうと思います。僕たちは、その後の七百年の武家政権の歴史を知っていますから、平氏政権の失敗と対照して、頼朝という人をその初代として記憶しているわけですが、頼朝と同時代の人たちには、この先はまだ見えていないわけです。鎌倉幕府が一時的なもので、平氏同様すぐに滅亡する、あるいはさせられる、と思う人がいても不思議ではありません。後鳥羽上皇もそう思い、鎌倉に戦争を仕掛けて負けたわけです（一二二一年の承久《じょうきゅう》の乱）。武家政権が平氏政権のように一過性のものではなく、少なくとも摂関政治同様に長く続くシステムであることは、この時に決まったと言ってもよいでしょう。

ちなみに、武家政権の時代においても、京都の朝廷には摂関がおり、また院政も布《し》かれつづけました。摂関制度を廃止し、院政を事実上否定したのは、一八六七年十二月の王政復古の大号令によってでした。幕府と摂関・院政は、十三世紀以降ずっと共存していたのです。

3 鎌倉仏教の時代背景

きょう三月十日は、一九四五年に東京大空襲《だいくうしゅう》があった日です。原爆も残酷な兵器ですが、一個一個の焼夷弾《しょういだん》が家々を焼き払い、十万人もの死者を出したというのも、人類史上最大規模の戦争被害でしょう。なぜそこまでさせる作戦を米軍がとったのか、裁きとしてではなく、歴史として、僕らは知り、伝えていく必要があると思います。もちろん、日本軍が中国はじめアジア各地でおこなった非道な行為についても。

程度こそ異なれ、戦争はいつの時代も残酷なものでした。源平合戦とかいうと優雅で華麗な舞台を想像しがちですが、所詮は敵の首の取り合いです。そして、取った首を自軍の偉い人に見てもらい、「よくやった」と誉めてもらって、金銀や土地や女性といった恩賞を得るのが、彼ら武士たちの目的でした。

ですから、べつだん自分の側が正義の軍隊かどうかはどうでもいいのです。十二世紀における三大内戦、保元《ほうげん》の乱（一一五六年）、平治《へいじ》の乱（一一五九年）、そして治承《じしょう》・寿永《じゅえい》の乱（一一八〇～八五年）のいずれも、実際に現場で戦っている兵士たちは、自分たちの側のリーダーが何を主張してこのいくさを起こしているのか、ほとんど理解していなかったと思います。

しかし、歴史は後づけの智恵としてはたらきます。『平家物語』は平氏没落の原因を清盛たちの驕《おご》りに求め、壇ノ浦にいたる悲劇の過程を克明《こくめい》に描きました。前に紹介した平重盛の清盛に対する諫言《かんげん》の場面は、もし清盛がその諫《いさ》めを聞き入れていたら、あるいは重盛が早くに病死せずに平氏全体の棟梁になっていたら、おそらく壇ノ浦の悲劇はなかっただろう、という想定で作られているのでしょう。

『平家物語』は、清盛や、重盛の死で清盛の後継者になった宗盛《むねもり》に対しては冷淡ですが、それ以外の平氏一門にはきわめて同情的です。とりわけ、敦盛《あつもり》が一ノ谷《いちのたに》の合戦で戦死する場面は、力がこもっています（巻九「敦盛最期」）。

源氏方の武士熊谷直実《くまがいなおざね》は、戦場で身分の高そうな平氏の武将を見かけます。馬を寄せて取っ組み合い、地面にねじ伏せて首を取ろうとしてその顔を見ると、自分の息子と変わらぬ十六、七の年頃でした。数え年ですから、まさにいまの君の年齢です。

「親の嘆きはどれほどだろうか。この若者を助けたところで、いくさ全体の勝負には影響あるまい」と、そのまま見逃そうとするのですが、あいにく味方の軍勢がやってくるので、どのみち命は助かりそうもありません。かくして、直実は涙のうちに敦盛の首を取るのでした。「あはれ、弓矢とる身ほど口惜《くちお》しかりけるものはなし。武芸の家に生れずは、何とてかかるうき目をばみるべき。なさけなうもうち奉るものかな（ああ、弓矢を取る身ほど残念なものはない。武芸の家に生まれなければ、どうしてこんなつらい目を見ることがあろう。情けなくもお討ち申したものだなあ）」（『新編日本古典文学全集』四六、二三四～二三五頁）。

敦盛は笛の名手で、この時も身につけていました。その名を「小枝」といいました。「さえだ」と振りがなが付けられていますが、句の調子からして「さえ」と読んだほうがいいのかもしれません。敦盛が毎晩奏《かな》でるこの「さえ」ちゃんの音は、熊谷直実も聴いていたものでした。源氏方数万の軍勢に笛を携えている者はひとりもあるまい。直実はかくも風雅《ふうが》な人物をあやめなければならない武士稼業に嫌気がさして、後年、法然上人《ほうねんしようにん》のもとで出家することになったのだと、『平家物語』は解説しています。

熊谷出家の真の理由は、恩賞としてもらう土地をめぐる諍《いさか》いだったそうですが、それはさておき、武士として殺し屋だったこの男が、浄土宗の開祖・法然の弟子になって極楽往生を願ったのは、藤原道長がそう願ったのとはまた種類の違う、新しい時代の息吹《いぶき》を感じさせるものです。

前から言っているように、当人たちがそれを自覚していたかどうかは疑問です。極楽往生ということでは同じなのですから。しかし、優雅な貴族の願い事としてのそれと、自分の、血で汚れた人生を悔やんでのそれとでは、質的な相違があるのではないでしょうか。教科書にいう「鎌倉仏教」の興隆は、こうした時代背景を持っていたのです。

法然＝浄土宗、親鸞《しんらん》＝浄土真宗、一遍《いっぺん》＝時宗《じしゅう》、栄西《えいさい》＝臨済宗《りんざいしゅう》、道元《どうげん》＝曹洞宗《そうとうしゅう》、日蓮《にちれん》＝日蓮宗（法華宗《ほっけしゅう》）。鎌倉時代の仏教というと、この六つの新流派と、その開祖名を暗記することが主眼になっています。それはたしかに大事なことですが、いったいなぜそれらの宗派が誕生したのか、その教説内容はどんな特質を持っていたのかを理解しなければ、固有名詞だけ覚えてもあまり意味がありません。ここでは、日本史ではなく倫理の教科書から引用して結びに代えましょう。第一学習社版『倫理』改訂版（二〇〇六年検定済）です。「鎌倉仏教の革新性」という小見出しが付いている箇所です。

鎌倉仏教の開祖たちは、念仏《ねんぶつ》・坐禅《ざぜん》・唱題《しょうだい》など、方法は異なるが、だれでも簡単におこなえる行《ぎょう》を選び、それらをとおして内面的な宗教体験を深め、乱世に生きる人々の心のよりどころとなっていった。その信仰のにない手は、広く一般大衆にまで拡大し、庶民一人ひとりが念仏し、坐禅し、唱題して、みずからの魂の安らぎを得ようとした。

この時代の仏教は、主体的・内面的・実践的・大衆的性格をもつ。また、親鸞の「肉食妻帯《にくじきさいたい》」の肯定や道元の「身心脱落《しんじんとつらく》」の思想にみられるように、鎌倉仏教は大陸の仏教のたんなる継承ではなく、日本独自の展開をみせている。江戸時代に入ると、仏教は寺院法度《じいんはっと》やキリシタン禁制を目的とした寺請制度《てらうけせいど》などによって統制を受けたが、沢庵《たくあん》や良寛《りょうかん》などが出て、鎌倉仏教の開祖たちが説いた心の苦悩からの解放と人間救済の思想を庶民に広めた。このような思想は、その後も日本人のなかに脈々と流れ、今日の私たちの時代にも受けつがれている。

4 「そうだ 京都、行こう。」の京都とは

鎌倉仏教は、当初、天台宗を中心とする旧仏教側から、白い眼で見られていました。栄西が主著の『興禅護国論《こうぜんごこくろん》』を書いたのも、禅宗が決して危険思想ではないことを釈明するためでした。法然にいたっては、門人が犯した不始末に連座して高知県に流罪《るざい》となります。法然の弟子だった親鸞も、このとき新潟県に流されます。一二〇七年のことでした。

そのころ、前にも述べたように、中国大陸では新たな動きが生じていました。モンゴル帝国の勃興です。一二〇六年、モンゴルの諸部族をまとめハンに即位したテムジン（チンギス＝ハン）は、周囲に領土を拡大していきます。彼の死後、二代目のオゴタイは金国を滅ぼし、高麗《こうらい》を従属させ、モンゴル（蒙古）を東アジア最強の国家に成長させました。西ではいまのポーランドまで攻め込んで、ヨーロッパの人たちを震え上がらせます。

そしてついに、一二六八年、第五代フビライ＝ハンは、高麗を通じて日本に使者をよこしました。「貢ぎ物を持ってきて臣下となれ。さもなければ軍隊を送るぞ」とい

う内容でした。

当時、鎌倉幕府の将軍職は飾り物にすぎず、実際は北条氏《ほうじょうし》が執権《しっけん》として取り仕切っていました。当主北条時宗《ときむね》は、蒙古の国書に返答しない方針をとり、再度の使者に対しても無視します。かくしてフビライは予告どおり、一二七四年（文永十一）に数万の大軍を日本に派遣したのでした。第一次の蒙古襲来、年号により「文永《ぶんえい》の役《えき》」と呼ばれる戦争です。

対馬《つしま》・壱岐《いき》・松浦《まつら》で日本側は敗戦を重ね、蒙古軍は博多湾に侵攻します。戦法の勝手がちがう日本軍はついに大宰府まで退却、蒙古軍の本格的な上陸は不可避の形勢となりました。

ところが、その直後に侵略者たちは高麗へと引き揚げていきました。

七年後の一二八一年（弘安四）、蒙古はすでに南宋《なんそう》も滅ぼして中国全土を支配するようになっていましたが、前回にも増した大軍で、日本に押し寄せてきました。第二次蒙古襲来、すなわち「弘安《こうあん》の役《えき》」です。今回は日本側も防御策に怠りなく、やすやすと上陸はさせませんでした。なお、以前は「神風」が吹いて蒙古の軍船が沈んだとされていましたが、今は「神の風」どころか嵐があったかも怪しいとされています。

日中二千年の交流の歴史のなかで、中国側がこれだけ大規模な攻撃をしかけてきたのは、空前絶後です（日本側からの侵攻は、白村江の海戦、豊臣秀吉の出兵、日清戦争とそれに引き続く五十年間の三回ありますが）。まあ、「蒙古襲来」ですから、攻めて来たのはモンゴルの軍隊で、中国人はその占領下にあった被支配国民だったと捉えることも可能でしょう（このときの韓国、すなわち高麗国がそうであったように）。しかし、フビライはモンゴル族の王として日本に臣従を求めてきたわけではありません。蒙古の国書はモンゴル語ではなく、漢文で書かれていたからです。

たしかに、唐や宋は日本への遠征軍派遣事業を計画すらしていませんでした。といって、彼らが日本を対等な友好国とみなしていたわけでは必ずしもありません。そもそも、そうした近代的な国際関係のルールが存在しなかったことは、すでに本書で述べたとおりです。唐や宋からみて、日本は明らかに格下の、貢ぎ物をもってやってくるべき小国でした。そして、遣唐使は実際にそうした使節団でした。日本は宋に国家使節を派遣しませんでしたけれど、出かけていく僧侶たちは、対等の国に行くのではなく、仏教の本場に行って巡礼や修行をするために、出かけていったのでした。実際、栄西《えいさい》や道元《どうげん》は禅宗という新しい流派を、中国から持ち帰ったのです。

この二人だけではありません。十三世紀後半から十四世紀前半にかけての百年間に、数多くの禅僧が中国に留学し、また、中国から多数の禅僧が日本に渡来しています。彼らも、かつての鑑真や最澄・空海のように、現代的な意味での単なる「宗教者」ではありませんでした。詩人であり、芸術家であり、技術者であり、そして何より政治家でした。

渡来僧の代表格が、蘭渓道隆《らんけいどうりゅう》と無学祖元《むがくそげん》です。鎌倉の建長寺《けんちょうじ》・円覚寺《えんがくじ》は、彼らによって建立されたお寺です。これに栄西が開いた寿福寺《じゅふくじ》などを加えて、五山《ござん》という制度が作られます。律令などと同様、当時中国にあった制度を導入したもので、日本では鎌倉幕府が臨済宗の主要寺院にさまざまな特権を与え、保護育成したのです。

十四世紀なかば、鎌倉時代末期から南北朝時代にかけて、夢窓疎石《むそうそせき》という僧侶（彼には中国留学経験がありません）が活躍し、北条高時《たかとき》（幕府執権）・後醍醐天皇（倒幕に成功した天皇）・足利尊氏（後醍醐に背いて室町幕府を開く）といった、政治的に対立する権力者たちの顧問役を務めます。彼が鎌倉に開いた瑞泉寺《ずいせんじ》は梅の庭園で知られる名《めい》刹《さつ》ですが、なんといっても京都嵐山《あらしやま》の天竜寺《てんりゅうじ》が有名ですね。この寺は、のちに京都五山の第一位となりました。嵐山渡月橋《とげつきょう》のあたりも、かつては天竜寺の敷地内だったといいます。夢窓のような禅の高僧は、天皇から「国師《こくし》」の称号をもらっています。教科書では彼らのほかに、五山での漢詩文の名手として、絶海中津《ぜつかいちゆうしん》・義堂周信《ぎどうしゆうしん》の名前を紹介しています。

彼らはこの時期の中国文化、すなわち当時の日本の人の目から見て「世界の中心の文明」を、あらためて日本に伝え広める役割を果たしました。鑑真や最澄・空海とは時代が異なり、したがって内容的にも異なる「文明」です。日中交流史というと、とかく遣唐使時代のことばかりが話題になりますが、実は十三世紀から十六世紀にかけての交流というのも非常に重要で、現在に直接的につながるという意味では、遣唐使時代よりも影響が大きいかもしれません。書道や水墨画《すいぼくが》、建物や庭園の様式、精進《しようじん》料理や喫茶の風習など、日本の伝統文化とされるものの多くがこの時期、大陸からもたらされて日本に定着しました。

いま京都に残っているお寺で、平安京創建時からそのままの姿を残しているところはありません。延暦寺《えんりやくじ》や東寺《とうじ》も戦災・火災に遭《あ》って焼けているからです。白河法皇以下、院政期の法皇たちが建立した六つの巨大寺院、総称して六勝寺《ろくしようじ》も、いまはもうありません。むしろ、天竜寺をはじめ、南禅寺《なんぜんじ》・建仁寺《けんにんじ》・東福寺《とうふくじ》・大徳寺《だいとくじ》・妙心寺《みようしんじ》といった、十三〜十五世紀に創建された禅寺《ぜんでら》に、京都の観光名所とされるものが多いのです。そうそう、もちろん金閣・銀閣も。

「そうだ　京都、行こう。」のJR東海のキャッチフレーズは、遣唐使時代のいにしえを偲《しの》ぶというよりは、日本の伝統文化の形成期であるこの時代への、現代人の郷愁に訴えかけるコピーなのです。

5　歴史は一寸先は闇

きょうは大学で今年度最後の教授会のあと、退職する教授の惜別《せきべつ》の会が開かれました。朝鮮史のY先生を送る会です。

Y先生の三十分におよぶ挨拶は、心にしみるすばらしいものでした。なかでも非常に印象的で、本書の趣旨とも深く関わる部分を紹介します。「昔の人にとって、歴史は一寸先は闇の世界だった」というのです。僕たち数百年後に生きている者は、そのあとの結果を過去のこととして知っています。でも当時の人たちにとっては、それはまだ見ぬ未来でした。その時に彼らが下した判断が正しいか間違っているか、われわれが高みから見おろすように判断してしまってよいのだろうか。Y先生はそういう意味のことを言っておられました。

僕もまったく同感です。歴史上の人物の行動を、正しかったかどうかという視点で見るのは、後世の者の驕《おご》りです。そう判断する者は、今度は自分よりあとの人たちから同じ仕打ちを受けることでしょう。僕に言わせれば、それは仁義道徳の世界であって、歴史を虚心坦懐《きょしんたんかい》に見つめる視線ではありません。人間ですから間違いもたくさんしでかします。それは過去も現在も、そしてたぶん未来の人も同じです。しかし、そうした間違いを一方的に非難するのではなく、その失敗を自分たちの身に引きつけて活かし、過ちを繰り返さないようにしていくこと、それが大事なことではないでしょうか。

Y先生は韓国の歴史がご専門なので、よけいに大変だったのだろうと思います。韓国では儒教が伝統的に力を持ち、歴史を仁義道徳で判断する傾向が強いのです。特に、日本とは過去において不幸な関係にありましたから、そのことが歴史を「一寸先は闇」ではなく、「仁義道徳」で見るように仕向けています。歴史認識をめぐる対立は根深いものがあります。豊臣秀吉《とよとみひでよし》が韓国に対してした行為を、僕は（そしてたぶんY先生も）相手に迷惑をかけたとんでもないことと思っています。しかしだからといって、秀吉軍がいかに残虐非道だったかをあげつらうことで、何かが解決するのでしょうか。それよりも、なぜ彼は朝鮮出兵をしたのか、当時の国際環境や日本国内の社会情勢をきちんと検討したり、秀吉をはじめとする当時の日本人が、中国や韓国をどう見ていたのかを分析することによって、はじめて「なぜあんな愚行《ぐこう》をしたのか」が解明されるのではないでしょうか。秀吉だけではなく、もちろん二十世紀に日本がした所業についても、同じことが言えるでしょう。

秀吉は朝鮮を征服したら中国に攻めこむつもりでした。そしていずれは寧波という町に拠点を置いて東アジア全域の支配をめざしていました。寧波はそれ以前から中国に渡った人たちの多くが通りました。古くは九世紀の最澄がそうですし、十二世紀の栄西や十三世紀の道元、十五世紀の雪舟《せっしゅう》もそうです。十七世紀にはいわゆる鎖国によって、日本人が行くことはなくなりますが、長崎にやってくる中国船は「寧波船」と呼ばれていました。実際、中国から来る商人や船乗りのなかには、この地方の出身者も多かったようです。

したがって、寧波は中国文化が日本に伝わってくる窓口の役割を果たしました。前回話したように、禅宗の僧侶たちが十三世紀から十六世紀にかけての文化交流をになった際に、寧波がその中心であったのです。もともと寧波の郊外には、中国の五山のうちの二つがありました。あとの三つも、寧波の近くにある杭州《こうしゅう》所在です。もし、日本と深く結びついた港町が寧波ではなく、もっと南の福建省や北のほうの山東省だったとしたら、「五山」の文化は日本に根づかなかったかもしれません。お茶の作法も、水墨画《すいぼくが》の様式も、書院造《しょいんづくり》や枯山水《かれさんすい》も、実際にそうなったのとは違うものになっていた可能性が考えられます。僕たちが日本の伝統文化についてきちんと知ろうと思うなら、寧波とその周辺の歴史を勉強する必要があるのです。

寧波は中国の歴史全体のなかではそんなに重要な都市ではありません。ここに都が置かれたことはないですし、すぐれた文化人を輩出したわけでもありません。ただし、十世紀のおわりにはここに貿易を掌る市舶司という役所が置かれました。つまり、中国政府公認の国際貿易港になったのです。そして、この港にやってくる外国商船の多くが博多からのものでした。最澄の場合は偶然ですが、栄西たちが寧波で上陸したのにはこういう事情があったのです。

十三世紀のはじめ、寧波は政治的に重要な町になります。ここ出身の史弥遠という人が二十五年間にわたって宋の首相をつとめたからです。彼の父の史浩も首相経験者でしたし、官僚のなかにも寧波出身者がきわだって多かったのです。彼らは都の杭州で活躍すると同時に、寧波にいる家族・親類を通して寧波を社会的にリードし、その発展に貢献しました。

経済的には寧波を中核とする経済圏が形成され、市鎮と呼ばれる小規模な商業都市がたくさん誕生します。流通網の整備にともなって農業の生産量も増加します。こうしたなかで寺院が栄えていたのです。当時寧波を訪れた日本僧たちの目には魅力な町に映ったことでしょう。

歴史というのは、ふつう便宜的に政治・経済・社会・文化の四つに区分され、教科書の記述もそうなっていますが、ほんとはそれらが相互に入り組んだものだったはずです。というか、「一寸先は闇」で生きていた当時の人たちにとっては、「ここは政治の話、こっちは文化の話」と区切りがあったわけではありません。寧波を知るには総合的な視点が必要なのです。

これは日本についても同じです。鎌倉五山の建長寺が創建されたとき、それは政治的には北条時頼《ときより》が蘭渓道隆《らんけいどうりゅう》をブレーンにしたという意味ですし、経済的には南宋との貿易による銅銭流入の問題でしたし、社会的には仏教のなかでの臨済宗の力が増したということですし、文化的には五山文化の中国からの移植でした。これらを切り離して説明するのは、そうしたほうが説明しやすいし理解しやすいというだけのことで、そのうえでもう一度全体を総合・統合して、全体像を捉えるようにする必要があるのです。歴史を学ぶとは本来そうことであって、「建長寺が創建されたのは一二五三年で、開山は蘭渓道隆」というように丸暗記をすることではありません。

6　南北朝から室町へというリトマス試験紙

蒙古襲来から五十年後に、鎌倉幕府は滅亡します。「一味《いちみ》（一三）背《そむ》いて北条散々《さんざん》（一三三）」の一三三三年のことです。将軍の家来を御家人《ごけにん》といいますが、有力御家人であった足利尊氏《あしかがたかうじ》にまで背かれてしまったのでした。

その原因については、昔からいろいろと言われています。これもまた複合的な要因のなせるわざでしょうから、単純化して説明するのは難しいです。経済的・社会的には、流通経済の浸透による御家人たちの没落と新興階層の勃興、政治的には、天皇家の内紛や幕府内部の権力闘争が、幕府衰亡の原因になりました。

したがって、鎌倉幕府がなくなったからといって問題が片づいたわけではありません。むしろ新政府は、それらの難題を解決していく重大な任務を引き継いだはずでした。ところが、後醍醐《ごだいご》天皇親政《しんせい》による建武《けんむ》政府は、これに失敗します。不満を持つ人たちは、足利尊氏に期待を寄せていきました。こうして新たな幕府政権が誕生するのです。

前に紹介した頼山陽らの歴史認識では、尊氏の行為は、せっかく実現した天皇親政の政府に対する裏切りだとして糾弾《きゅうだん》されました。それは、当時の政治情勢や社会状況を冷静に観察する視点を欠いた、きわめて独善的なものです。魯迅が『狂人日記』で揶揄《やゆ》した「年代の書いていない、仁義道徳ばかりを強調する歴史」です。いつでもどこでも天皇への忠誠は正しいのであって、そうしなかった尊氏のような人物は、問答無用で批判の対象となってしまうのでした。

これと似たことが、尊氏の孫の三代将軍足利義満《よしみつ》に対しても当てはまります。罪状は、「日本人のくせに中国皇帝の家来になった」ことです〈僕の『足利義満　消された日本国王』〈光文社〉という本はその問題をあつかっています〉。聖徳太子の遣隋使外交以来、日本政府は一貫して中国の皇帝と対等に張り合ってきた、蒙古の脅迫にも屈しなかった、それなのに、勘合貿易《かんごうぼうえき》による利益を得るため、わざわざこちらからへりくだって「日本国王」に任命してもらうとは何事か、というわけです。

頼山陽のように百五十年前の尊王攘夷派が言うだけならいざしらず、いまでもこの手の歴史認識を持っていて、現在の対中外交に反映させようとする「仁義道徳」論者がいるので、びっくりします。改訂により現在の版ではその記述がなくなってしまいましたが、扶桑社版の中学歴史教科書にはかつて、源頼朝と足利義満を並べて紹介したコラムがあって、頼朝は朝廷を尊重していたが、義満はみずから天皇になろうという計画を立てていたともいわれると紹介し、「だが義満は病気でむなしく世を去る」と結んでいました。

この教科書から得られる教訓は、「将軍ふぜいの者が天皇になろうとしてはいけない」。頼山陽先生が知ったら、「よく言った」と泣いて感動しそうな話です。

僕はこの箇所をはじめて読んだとき、何かの怨霊にとりつかれているような怖ろしい気分になりました。こうした悪霊を「調伏《ちょうぶく》」するために、僕はここ数年、何冊かの本（『義経の東アジア』、『増補靖国史観』、『足利義満』など）を書き、そして本書を著しているのです。

はじめのほうでも言ったように、南北朝時代から室町時代にかけての歴史をどう描くかという点に、描き手の「日本国」に対するイメージが鮮明に表れます。仁義道徳が堕落していた時代と嘆くのか、民衆の活力がみなぎっていた時代とみなすのか、現在につながる伝統文化が形成された時期としてあつかうのか。どれもがそれなりに理由のある歴史認識でしょう。歴史は算数と違って「唯一の正解」を持たないからです。

ただし、どの解釈に従うかによって、これから先の「日本国」のゆくえが変わってしまうかもしれない、そういう重要性を歴史認識は持っています。「二たす三」が五でなく六だということになっても日本は滅びないでしょうが、過去の歴史をどう見るかは、直接に僕たちの未来につながっています。僕はもう人生の半分以上を終えたので――もしかすると、もう九九%が終わっているのかもしれません。その予想がつかないところが「未来」の怖いところです――、先のことはもうどうでもいいのですが、君たちの人生はこれからです。その大事な将来を誤ることのないよう、僕たちがしっかりしないといけないのでしょうね。

なーんて、なんだかもっともらしいお涙頂戴調《なみだちょうだいちょう》で湿っぽくなってしまったので、次の話題に移りましょう。

後醍醐天皇に背いた足利尊氏は、鎌倉から京都に攻め上ります。そして後醍醐を比《ひ》叡山《えいざん》に追い出し、都を一時占領します。ところが、この足利軍を追って背後から怒濤《どとう》のごとく押し寄せてきた軍団がありました。北畠顕家《きたばたけあきいえ》率いる奥州軍団です。本書で久しぶりに登場する東北勢ですね。勇猛果敢なこの軍団は、あっというまに尊氏軍を撃破します。尊氏は再起を期して九州まで逃げていきました。

その途中、尊氏は後醍醐天皇と対立する光厳《こうごん》上皇から、「お前のほうが正義の軍隊だ」という手紙をもらいます。こうして、彼は単なる「反乱者」ではなく、天皇家の一方の側の命令で動く将軍という名分《めいぶん》を得るわけです。前に言ったように、こうしたことにこだわるところが中世らしい、と僕は考えています。仁義道徳、それだけで戦争に勝てるとは尊氏も思っていません（後醍醐天皇は思っているフシがありますが）。しかし、自分のほうこそ仁義道徳の体現者であるとして振る舞うことによって、なにがしか戦争に有利にはたらくだろうことを、彼は期待していたのです。

果たしてその効果なのかどうなのか、尊氏は博多近郊で、軍事的には圧倒的に劣勢だったと史料は伝えるにもかかわらず、後醍醐天皇方の菊池軍を撃破し、今度は都に向かって西から攻め上ってきます。迎え討つ後醍醐方の大将は新田義貞《にったよしさだ》、かの北畠顕家はすでに奥州に引き揚げていたのです。この北畠顕家なる若者は、『神皇正統記』

の著者・北畠親房の自慢の息子でした。
新田義貞の配下には楠木正成《くすのきまさしげ》がいました。彼はこの戦《いくさ》に負け、自分も討ち死にすることを覚悟していました。そこで、息子の正行《まさつら》を途中で故郷に返します。『太平記《たいへいき》』屈指の名場面です。その土地の名が桜井。ああ、また偶然ですがサクラです。これが梅井でも桃井でも、あるいは楠井でも、後世これほどまでに芝居で取り上げられる名場面にはならなかったでしょう。以下、『太平記』の正成のセリフです。

正成討死《うちじに》すと聞かば、天下は必ず将軍の代となるべしと心得べし。しかりといへども、一旦《いったん》の身命《しんめい》を資《たす》けんがために、多年の忠烈《ちゆうれつ》を失ひて、降参《こうさん》不義の行迹《ふるまい》を致す事あるべからず。一族若党の一人も死に残つてあらん程は、金剛山《こんごうさん》に引《ひ》き籠《こも》り、敵寄せ来たらば、命を兵刃《へいじん》に墜《おと》し、名を後代に遺すべし。これをぞ汝が孝行と思ふべし。（『新編日本古典文学全集』五五、三〇五頁）

（正成が討ち死にしたと聞いたら、天下は必ず将軍（＝尊氏）の治世になるものと心得なさい。しかし、世の中がそうなっても、その場だけの生命を助かろうとして、長年にわたる忠節を捨てて、降参し、道義《どうぎ》にもとるふるまいをしてはならない。一族郎党のうち、一人でも生き残っている間は、金剛山に立て籠って、敵が攻め寄せてきたならば、命を投げ出して戦い、名誉を後の代に残しなさい。これが、お前のできる孝行だと思いなさい。）（同）

後醍醐天皇への忠《ちゅう》を尽くすことが自分への孝《こう》である。忠孝一致を説く名文です。ああ、でもどうして、こんなに仁義道徳をふりかざさなければならないのでしょう。正成はこのあと、果たして湊川《みなとがわ》で戦死します。息子正行はこの遺言を守って南朝方に仕え、最後はやはり戦死することになります。

しかし、明治以来の実証的な歴史研究は、楠木正成がここでこんな説教を垂れるような人物ではなかったことを明らかにしてきました。この名場面も、所詮は『太平記』作者の創作なのでしょう。正成にとっては、敵方の首を取って恩賞を獲得し、一族を発展させることが肝要なのであって、忠義のために一族を全滅させては元も子もなかったはずです。危ない戦《いくさ》に息子を同行しなかったのは、「いまは生き残ってあとで戦死しろ」ではなく、「ずっと生き残って楠木一族を存続させよ」というメッセージだったはずです。

「仁義道徳は人を食らう」という魯迅の表現、意味がわかってきましたか?

7 日本史を二分する応仁の乱

十二世紀、中国は南宋《なんそう》に、朱熹《しゅき》という思想家がいました。彼は孔子・孟子の教えのまっとうな継承者は自分であると称し、『論語』や『孟子』(魯迅が「食人」という字を発見した本です)の注釈書を著して、彼が信じる儒教の本義を明らかにしました。「仁義道徳」の教説は、彼によって深い哲学的・思弁的裏づけを得ました。朱熹が体系化した学問は、その尊称にちなんで朱子学《しゅしがく》と呼ばれています。

モンゴル帝国のうち中国を統治した元では、朱子学を国教的な地位に据えました。それは一面では、漢族を手なずけるのに便利だったからですが、他面では、朱子学の普遍的性格が、この異民族王朝でも受け入れられたからでした。元《げん》に代わって中国を支配した明《みん》は、さらにいっそう朱子学を推奨し、官僚採用試験である科挙でも、朱子学の考え方に沿った答案を正解として要求しました。当然、官僚として立身出世を願う学生はみな、朱子学を学習せざるをえなくなります。あたかも、僕たちがいま、民主主義の理念とか基本的人権について学習せざるをえないように。

その波は日本にも押し寄せてきます。蒙古襲来は水際《みずぎわ》で食い止めることに成功しましたが、朱子学の浸透は防げませんでした。いや、積極的に取り入れようとしたというべきでしょう。しかし、科挙制度がなかった日本では、韓国（高麗《こうらい》・朝鮮）やベトナム（黎朝《れいちょう》）とは異なる様相を呈します。朱子学の学習主体が、科挙を受験する人たちではなく、禅宗の僧侶たちだったのです。

十三世紀から十四世紀にかけて、留学僧や渡来僧たちは、朱子学の書物を日本にもたらしました。思想内容的に、禅と朱子学は実は近い関係にあり、そのため彼らは仏教の真理を悟るための補助的な道具として、朱子学流の儒教も学習していたのです。禅寺、特に臨済宗の五山寺院では、朱子学についての知識が学ばれるようになります。

『太平記』の作者はいまでも正体不明ですが、当時の公家の日記には「小島法師」が書いたとする記述が見えます。かあさんの旧姓の「藤原さん」の居並ぶ日本の歴史に、一人孤独に活躍する「小島くん」です。一説には、この小島法師とは、『太平記』に登場する児島高徳《こじまたかのり》という人物の一族、もしくは本人だろうと言われています。

児島とは、岡山県の地名にもとづく苗字のようです。僕が小学生だったころは、社会の教科書に「児島湾の干拓」が載っていて、友だちによくからかわれました。

児島高徳という人は後醍醐天皇に捧げた詩によって有名です。前に紹介した楠木正成と同じく、忠臣という扱いです。戦前の学校教育では必ず教えられていた有名人で、「児島高徳」という文部省唱歌もありました。

その児島高徳なのか別人なのかはわかりませんが、もし『太平記』が小島法師の作だとすると、僧侶が書いたものということになります。しかも、どうやらこの坊さんは五山と関係があったようです。児島高徳の行動パターンといい、前回紹介した楠木父子の桜井駅の別れといい、『太平記』には仁義道徳の臭いがプンプンします。父正成の遺言、「南朝方の忠臣として死ぬことが自分への孝行である」に忠実に、楠木正行は戦死します。仁義道徳が人を食らった例と言えましょう。

思えば『太平記』というのは皮肉な書名です、南北朝時代は戦乱の絶えない時代だったのですから。これは物語の内容というより、作者の願望を表すといっていいでしょう。人々がみな児島高徳や楠木親子のように、仁義道徳に従って行動するというのも、作者の願望・創作でした。当時、実際に起こっていたことは「下剋上《げこくじょう》」だからです。

「下、上に剋《か》つ」。あるべき本来の身分秩序が動揺し、賤《いや》しい者が高貴な者を脅《おびや》かす状況が、下剋上です。名門とはいえ一介の御家人にすぎなかった足利尊氏が、朝廷の高官となり、ついには傀儡《かいらい》の天皇を擁立して征夷大将軍に就任するというのも、立派な下剋上です。そして、その尊氏の家来であった高師直《こうのもろなお》が、公家たちを縮みあがらせるほどの権勢を振るったのも、下剋上でした。

足利義満は南北朝の分裂を収拾し、幕府内部での将軍の権威を確立し、みずから太《だ》政大臣《じょうだいじん》になることによって公家社会の頂点にも登りつめて、下剋上を克服しようとしました。金閣に象徴される豪華絢爛《けんらん》たる北山《きたやま》文化は、政治秩序がふたたび安定し、新しい世の中が始まったことを意味するかのように見えました。しかし彼の死後、次の四代将軍義持《よしもち》や幕府の首脳たちによって、その路線が部分的に否定されてしまいます。六代将軍義教《よしのり》は、ふたたび義満のような専制君主をめざしますが、なんと大名赤松《あかまつ》氏の邸で、彼らに暗殺されてしまいます。

義教の息子である八代将軍義政《よしまさ》は、東山《ひがしやま》文化の担い手として知られています。北山文化とは対照的に、幽玄《ゆうげん》な侘《わ》びの世界が展開します。彼自身、家では妻の日野富子《ひのとみこ》に頭のあがらぬ「下剋上」状態だったようですが、跡継ぎをめぐって細川と山名《やまな》という大名同士の勢力争いが生じ、ついに応仁《おうにん》の乱《らん》の勃発を招きます。

この乱は、保元の乱以来何度か繰り返されてきた、京都を舞台とする戦争のなかで、最大規模のものでした。荒廃した京都を嫌って多くの僧侶や公家が地方に下向《げこう》し、各地にみやびな文化が根づいたことは前にも述べました。京都の幕府権力はこの乱を契機に失墜《しっつい》しますが、逆にこの乱があったせいで、列島全土に均一な「日本文化」が生じたといってよいかもしれません。義政が建てた慈照寺《じしょうじ》（銀閣のある寺）の東求堂《とうぐどう》同仁斎《じんさい》と同様の、書院造《しょいんづくり》の床の間つきの部屋が、日本各地の寺院や邸に設けられていきます。そこでは茶がたてられ、床の間に飾られた書画・調度（中国伝来の「唐物《からもの》」が珍重《ちんちょう》されました）を愛《め》でながら、時にはたわいもない世間話が、そして時にはきわめて重要な政治会合が開かれました。政治が議場や正規の官庁ではなく、料亭などの密室を舞台に展開するという日本の「伝統」は、このときに誕生したのかもしれません。

内藤湖南《ないとうこなん》という学者は、いまから百年近く前の「応仁の乱に就《つい》て」という講演で、日本史を大きく二分する出来事として、この戦争を評価しています。応仁の乱によって、いまにつながる歴史が始まったのであり、それより前の事件は外国のことのように思えるというのです。

そもそもいまの京都の街並みも、桓武《かんむ》天皇が作った都市計画どおりでは全然なくて、応仁の乱で丸焼けになったあと、豊臣秀吉のころにかけて再建されていったものが基本になっているのです。そこでの主人公は、公家でもなければ武士ですらなく、町《まち》衆《しゅう》と呼ばれる商工業者たちでした。彼らはヨーロッパ近代史のブルジョアジーとは異なって、政治的な権力を握ることはありませんでしたが、自治的な権限をもち、財力も具え、それによって武家政権を支えたり揺さぶったりするはたらきをしていきます。頼山陽流の仁義道徳史観では描かれることのない、歴史の本当の動力を、この人たちが握っていきます。それは、怨霊が陰で操っていた古代の歴史――もちろん、人々が勝手にそう思いこんで畏《おそ》れていたという意味ですが――とは異なる、きわめて世俗的な世界です。近世の夜明けが近づいていたのです。

8　戦国大名の軍師養成学校

応仁の乱から織田信長の登場までの百年間を、特に戦国《せんごく》時代といいます。歴史小説やドラマの恰好《かっこう》の舞台です。なぜなら、多くの武将が活躍し、しかもそれが全国規模で展開しましたから。奈良・京都と鎌倉だけが舞台として注目されてきた日本史は、この時期に一気に全国化します。

大名《だいみょう》ということばは、もともとは小名《しょうみょう》と対《つい》でした。「名」とは、後世「名主《みょうしゅ》」という語でも使われるのと同じ意味で、土地の領主です。規模が小さければ小名、大きければ大名というわけです。室町幕府は鎌倉幕府を踏襲して、律令時代の「国」ごとに守護《しゅご》の職を設けます。守護大名と呼ばれる存在です。守護は多くは京都にいて将軍の政務を補佐しており、国に実際にいて守護業務を執行していたのは、彼らの家来だったり土着の有力者（＝国人《こくじん》）だったりしました。応仁の乱によって京都への求心力が弱まると、これら守護大名・守護代《しゅごだい》・国人たちが自立的傾向を強めます。これがいわゆる群雄割拠《ぐんゆうかつきょ》です。中国の戦国時代と似ていることから、いつしか（たぶん江戸時代でしょう）そう呼ばれるようになり、この時期の大名を、特に戦国大名と言うようになりました。

小説やドラマの悪《あ》しき影響で、戦国時代というと常時戦争が行われ、息つく暇もない時代というイメージがあるかもしれません。よく「乱世」という表現を使いますよね。でも、それは江戸時代の平和な人たちの視点から生まれた歴史認識であって、僕は戦国時代の人たち自身は、そんなに切実に乱世だとは感じていなかったと思います。ですから、少なくとも時代劇の登場人物に、「この戦国乱世を早く終わらせねば」というようなセリフをしゃべらせるのは止めてほしいですね。これはまるで、このあいだの戦争を描いたドラマで、「この戦争が早く終わる」ことを願っている普通の国民が出てくるようなものです。一部の政治家や学者を除いて、大多数の国民は、軍部とともに「聖戦完遂」を堅く誓って信じていたのですから。たとえそれが、「仁義道徳」教育によって騙《だま》された結果にすぎないにしても、です。

戦国時代の人たちは、のちに織田信長が生まれることや、江戸時代の幕藩体制のことを何も知らないのですから、自分たちの生きている「今」が異常な事態なのだとは、まだ気づいていません。室町幕府の権威が失墜しているにせよ、それに代わる政治構想を誰も描けない状況なので、もう一度幕府が力を取り戻すか、それともこのままの状態が当面ずっと続くかの、どちらかしか考えようがなかったと思います。ですから戦国大名たちも、住民の願いどおり、自分たちの領国の安定をまずは第一の目的とし、そしてたまに中央の政治に口をはさむために「上洛《じょうらく》」を志す程度であって、誰も「天下統一」など考えていなかったのです。戦国大名がみな天下統一の野望を持っていたというのは、たぶん頼山陽先生の勝手な思いこみであり、またそれに影響された近・現代の小説家やゲーム作者たちの創作にすぎません。

たとえば、上杉謙信と武田信玄にしても、川中島で何度も闘ったのは天下統一のための布石ではなく、単に長野県北部をめぐる局地戦でした。謙信びいきの山陽先生が「鞭声粛々夜河を過る《べんせいしゅくしゅくよるかわをわたる》」と詩に詠《うた》ったり、『日本外史』で活写したりして面白おかしく飾りたててはいますけれど、日本全体から見たときには、この合戦《かっせん》はそれほど重要なものではありませんでした。でもさすがに国民的に有名だからでしょう、川中島は日本史の教科書にも載っています（これはわが家《や》にとっては重要な合戦です。なんてったってわが小島家のご先祖様が活躍した合戦なんですから）。

並みいる戦国大名たちのなかで、その点で異質なのは、やはり織田信長でしょう。信長のこととかになると、ものすごく詳しい人たちが世間にうようよいるので滅多なことは言えませんが、彼の一連の施策は、従来の戦国大名の枠組みをはみだして、「天下」を向いていると思います。いったいいつから、そう志向するようになったのかはわかりませんが、しばしば言われるのは、岐阜に本拠を移して印章に「天下布武《てんかふぶ》」を使いだしてからでしょう。そもそも、岐阜という命名も、中国の故事にあやかり、周の発祥地である岐山《きざん》にちなんだものです。

小説や時代劇などでは、こうした案がすべて信長本人の発案、あるいはこれまた天《てん》下人《かびと》になった木下藤吉郎（のちの豊臣秀吉）によるアイデアということになっていますが、実際には、しっかりした政治顧問がブレーンとして活躍していたはずです。そして鎌倉時代以来、武家政権のブレーンは公家か僧侶でした。なぜなら、武士の多くは漢字がまともに読めず、したがって中国の典籍《てんせき》に通暁《つうぎょう》して天下国家を論じることなど、できなかったからです。本書ではもうおなじみの比喩ですが、現在、政府で働く政治や経済の専門家（官僚や学者）は、英語の文献が読めなければ務まらないのと同じことです。大臣（＝大名）ご自身は読めなくてもいいんですけどね。

まあ、信長は漢文の素養くらいあったでしょうし、秀吉も刻苦勉励して修得したことでしょうが、その彼らの教師もやはり僧侶だったはずです。実際、信長の少年時代の家庭教師には沢彦宗恩《たくげんそうおん》という僧侶がおり、岐阜の命名も彼の提案だということです。合戦は華やかですし、いかにも戦国時代らしくて絵になりますが、大名たちが領土を治めるには、こうした地味な政治・経済の知識が必要でした。

日常の政治だけでなく、いざ隣国の大名と合戦という場合にも、こうした人材は必要でした。自分の側にとって有利な日を選んでいくさをしたり、合戦の場所の地勢や気象を読んだりするには、槍や刀を振り回すことしか能のない人間ではだめだからです。僧侶は戦場にも同行していました。これが軍師《ぐんし》と呼ばれる人たちです。

軍師といえば、武田信玄の軍師山本勘助《かんすけ》などが、NHK大河ドラマの主人公になったりして有名ですが、でも彼は架空の人物だろうともされています。実在したとしても、『太平記』の楠木正成同様、相当誇張して伝承されています。おそらく武田軍の軍師も、禅宗寺院の僧侶だったことでしょう。

実は当時、各地の戦国大名のもとで、軍師として働く人材を養成する学校がありました。栃木県の足利《あしかが》学校です。そう、地名でおわかりのように、将軍家の出身地です。でも将軍じきじきに作った学校というわけではなく、関東管領《かんれい》の上杉憲実《のりざね》が十五世紀なかごろ、ということはまさに応仁の乱のころに、それまであった施設を拡張整備して再興したのでした。ここの教授陣はほとんど禅宗の僧侶でした。そして、学生もそうだったのです。五山に付設された教育施設との根本的な違いは、足利学校では、儒教の知識と兵学と易学《えきがく》を中心に据えた実用学が伝授されたことでした。兵学は軍事、易学は占術《せんじゅつ》と気象学などの自然科学です。これらの知見を得て、学生たちは各地の大名家に就職したのでした。ですから、信玄の旗印である「風林火山《ふうりんかざん》」の出典『孫子《そんし》』も、この学校の主要教材でした。

織田信長のところにもこうした軍師がいて、「岐阜」だとか「天下布武」だとかいった、中国起源の学識を披露していたのです。そしてそのなかに、それまでほかの戦国大名たちが思いつかなかった、新しい秩序構想を発案する人材がいたのでしょう。もちろん、個人技ではなくグループかもしれませんが。

室町幕府に代わる新秩序が、信長の上洛とともに動き始めます。

9 「転勤」という支配方法

織田信長麾下《きか》の武将たちの妻を主人公とする小説やドラマは、サラリーマン出世物語の様相を呈しています。実際、豊臣秀吉にしろ前田利家《としいえ》にしろ山内一豊《やまうちかずとよ》にしろ、織田信長に仕え、このワンマン社長の覚えめでたく出世街道を歩むわけで、並みいる同僚たちとのライバル競争で抜きつ抜かれつ、最終的には大名、すなわち系列会社の社長としての人生を終えます。それを裏で妻が支えていたという図式は、現代社会のサラリーマン家庭そのものです。

史実が本当にそのとおりかどうかはおおいに疑問ですが、いまの人が見てわかりやすく、自己投影して共感しやすい筋書きであることはたしかです。実際には「敵の首をとってなんぼ」の世界ですけれど、そのあたりはオブラートに包んで、源平合戦のころとはまるで違った武士の生き方を描くことができるのが、この信長軍団の特徴だといえるでしょう。

僕は、この軍団のこうした特徴を成り立たせているのが、「転勤」だと思います。従来、武士は土着性を本質としていました。そもそも平安時代に武士団が形成された理由は、自分たちの耕作地を自分たちの武器で守るということにありました。そのためにこそ、強い棟梁《とうりょう》に仕え、将軍の御家人となってきたのです。そして室町幕府では、代々の足利家の家来たちや南北朝争乱で尊氏を助けた一族が、守護大名の地位を占め、その家来たちにも土地が恩賞として与えられました。戦国大名とは、こうして成長を続けてきた武士団（国人）を、将軍の権威によってではなく、大名自身の権力で統制した集団でした。でもそこにはまだ土着性が強く、したがってたとえば上杉謙信が上洛しても、彼に付き従う家来たちは早く新潟に帰りたがっていたのです。

ところが、豊臣秀吉・前田利家・山内一豊といった面々は、出身地（全員が愛知県）とは関係のない場所に領地を与えられ、さらに昇進するたびに国替《くにが》えをされています。彼らだけではなく、信長麾下《きか》の出世頭である明智《あけち》光秀《みつひで》や柴田《しばた》勝家《かついえ》もそうでした。彼らの配下の家来たちも、大将の移動にともなって日本各地を転々とします。ほかの戦国大名が、戦争のときだけ家来をかき集め、終わるとまた地元に帰していたのとは異なり、信長軍団は、それぞれの師団長が統率する部下たちを、まとめて面倒を見るという形を取りました。まるで支店長にその支店の人事を任せ、企業全体の営業利益をあげていくかのような手法です。「サラリーマン」たちは、支店の一介の店員から支店長へ、さらには本社付きの重役へという出世をめざして、同僚たちと争い合うのです。実に巧妙な仕組みであり、これによって信長の勢力範囲が急速に拡張していったのでした。

信長領とほかの戦国大名たち、北は上杉謙信、東は武田信玄・北条氏政《うじまさ》、西は毛利輝元《てるもと》との「国境線」には、信長が信任する師団長たちが常駐していました。彼らは領地をもらってはいましたが、経略活動に従事しているため、領地にはほとんど不在でした。したがって、その家来たちは軍団に属して前線にいる者と、本国で実務にあたる者とに分かれます。またその下の身分の者たちも、軍団の兵士と農耕にいそしむ者とが分離していきます。数万の軍勢を常時国境線に配置するには、彼らを食べさせ、武器弾薬を補給するために、しっかりした後背地の経営が必要でした。戦場で勇ましく活躍するのではなく、領国経営にすぐれた手腕を発揮する人材が重視されるようになります。若いころの秀吉は、その典型です。鎌倉時代の御家人とはかなり性格の異なる者たちが、信長軍団では重用《ちようよう》されました。

本能寺の変で信長が死んだあと、秀吉は実力でその後継者の地位を獲得します。そして、信長の流儀をさらに拡大して推進しました。直接の家来だけでなく、彼に付き従うようになった諸大名に対しても、もともとの土着の領国から切り離す政策をとったのです。徳川家康は、北条氏滅亡ののち、その故地《こち》である関東地方に移動を命ぜられました。それにより、愛知県にあった彼の地盤から切り離されたのです。

上杉景勝《かげかつ》（謙信の養子）も、越後《えちご》（新潟県）から福島県会津《あいづ》地方への移動を命ぜられます。このとき、一人の家来が反対意見を表明しました。「わが上杉家の強さの秘密は、越後というこの土地に根ざしているからこそのものである。会津に行ってしまったら、この土地の者たちとのつながりが失《う》せ、しだいに骨抜きにされてしまうであろう。私は断固としてこの移転には反対であり、もし殿が会津に行かれるなら、おひまをもらって越後に残る」と。そして、武士身分をやめて専従の農民となり、江戸時代を通じてずっと農家としてすごしました。このかっこいい家来こそ、わが小島家のご先祖様、かの小島弥太郎です。本家の系図にそのことが記されています。ほんとかどうかはわかりませんが。

この「転封《てんぽう》」と呼ばれる政策によって、有力な戦国大名たちは従来持っていた在地社会との強いつながりを絶たれ、弥太郎の予言どおり骨抜きにされていきました。また武士は、身分の低い者までがすべて城下町に集められ、農村には農民だけが住むようになります。兵農分離《へいのうぶんり》です。こうして、江戸時代の幕藩体制につながる社会が形成されていきます。

「織田がつき、羽柴（豊臣）がこねし天下餅《もち》、座して食らうは徳川」と言われます。家康だってそう簡単に天下人になれたわけではありませんが、社会の仕組みに関していえば、信長（のブレーンたち）が立てたプランを秀吉が発展させ、それを活かして江戸幕府が生まれたという見方は、たしかに正しいでしょう。

五百年続いた中世は終わり、近世の社会に移行します。

10　勢力としての仏教寺院と天皇

信長や秀吉が近世的な社会を作るにあたって打倒した相手は、ほかの戦国大名たちばかりではありませんでした。古代以来、日本の社会秩序の中核にあり、中世を通じて存続してきた二つの勢力が、ほかにありました。一つは仏教寺院であり、もう一つは天皇です。

延暦寺や東大寺のような大きな寺は、全国各地に系列の中小寺院を持ち、広大な荘園を所有していました。また商工業活動にも深く関わって、利益をあげていました。何度も強調してきたように、現代的な意味での宗教にとどまらず、政治・経済・社会・文化のあらゆる面にわたって重要な役割を果たしていたのです。

室町時代になると、幕府とのかかわりで禅宗寺院が力を伸ばしたほか、浄土宗系統や日蓮宗も力をつけてきます。ですから、鎌倉仏教がほんとうの意味で社会に根づいたのは、室町時代になってからだとする見解が有力です。なかでも一向宗《いっこうしゅう》（浄土真宗）には蓮如《れんにょ》という人物が現れ、教団の組織化とその拡大を推進します。その本拠地は大坂にあった石山本願寺《いしやまほんがんじ》、信長が長期間にわたって戦争を続けた相手です。本願寺は門徒《もんと》に一向一揆《いっこういっき》を組織させたほか、毛利氏などの戦国大名や根来衆《ねごろしゅう》などの在地の国人《こくじん》勢力とも共闘して、信長に対抗します。信長にとって最大の敵は、武田信玄でも上杉謙信でもなく、また焼き討ちをしかけた比叡山延暦寺ですらなく、この本願寺であったとする見方もあるくらい、この対立抗争は重要でした。もし本願寺側が勝利していたら、日本の近世社会は、実際にそうなったのとは全く違った様相を呈していたことでしょう。

本願寺はじわじわと追いつめられ、最終的には大坂を退去する条件で信長と和睦《わぼく》します。その仲介役を果たしたのが、天皇でした。と言っても、主体的に関わったのではなく、信長側の要望でそうさせられたのだと解釈されています。天皇には、これら宗教教団に有無《うむ》を言わさぬ命令を下す権限と権威とがあったのです。

それだけに、天下統一をめざす信長・秀吉にとって、天皇をどう扱うかはもう一つの重要問題でした。もともと信長の父・織田信秀《のぶひで》は、愛知県における自分の勢力を拡大していくにあたり、京都に貢ぎ物を送ることで天皇や公家の歓心を買い、その権威を利用していました。そのため、またしても頼山陽先生によれば、織田家は大名としては殊勝なことに尊王思想を持っていたと評価され、これを受け継いで、明治時代になってからも信長への評価は家康より上でした。

もっとも、これは織田家だけでなく、多くの戦国大名たちもやっていたことです。足利将軍家の力が応仁の乱を機に落ちてくると、自分たちに権威づけしてくれる存在として、天皇が浮上していたのです。言い換えると、大名たちは将軍の臣下というより、天皇の直接の臣下として振る舞いはじめます。といって、権威づけしてくれることだけが目的なので、頼山陽らが言うような尊王思想が当時流行していたわけでは決してありません。「仁義道徳」を本気で信じているわけではなく、政治的に利用しただけと見るべきでしょう。前に僕が「中世人はしたたかだ」と言ったのは、こういうような意味です。

ともあれ、信長は父親の代から天皇とは関係を有していたので、彼が将軍足利義昭《よしあき》を擁立して京都の事実上の支配者になったときにも、公家たちへのウケはよかったようです。さらに、こうした方面に如才ない秀吉や、礼式に通暁した明智光秀にその方面のことを任せたので、天皇とその周辺は義昭よりも、むしろ信長を直接信用するようになります。実際の力、すなわち軍事的・経済的にも、義昭は単に信長の傀儡《かいらい》にすぎませんでした。

そのため、一五七三年に信長が義昭を京都から追放しても、特に大きな波乱は生じませんでした。ちなみに、教科書ではこの出来事をもって「室町幕府の滅亡」としていますが、義昭はその後も征夷大将軍であり続けます。室町時代には、過去にも将軍が、有力な大名によって京都から追放される事件が何度かあったので、この時の義昭は、「いつかは自分もまた復帰できる」と思っていたことでしょう。毛利輝元のところに身を寄せて、瀬戸内海の景勝地、鞆《とも》の浦《うら》に流寓《りゅうぐう》しながら、各地の反信長派と交信していました。その後、輝元が秀吉に帰順すると、彼も京都に戻ってきます。一説には、征夷大将軍になりたかった秀吉が「自分を養子にしてくれ」と要求した際、「わが足利の家名を百姓あがりの者を入れて汚すわけにはいかない」として拒絶したということです。

信長は義昭追放後、天皇を押し立て、自身、右大臣に任官したりしていますが、それも単なる形式であって、実際に尊王家だったわけではないでしょう。本願寺を降《くだ》し、ほかの戦国大名たちを滅ぼしたあと、最終的に天皇をどうするつもりだったのかは、本能寺の変が起きたために謎のままです。ただ、信長が何かを考えていたからこそ本能寺の変が起きたのだとする見方、すなわち明智光秀の単独犯行ではないとする見方も古来有力で、僕もそちらに心惹《ひ》かれます。

さて秀吉は、上の逸話でもわかるように、古くからの権威が大好きだったようです。これまた俗説では、彼の出自《しゅつじ》からくるコンプレックスが大きく作用していると評されています。藤原氏嫡流《ちゃくりゅう》の一つである近衛家の養子として関白「藤原秀吉」となり、やがて天皇の特別の命令で「豊臣」という姓を新たに名のります。関白には誰でもがなれるわけではなく、五摂家と呼ばれる藤原氏嫡流の五つの家（近衛・鷹司《たかつかさ》・九条・一条・二条）に限られていました。ですから、かの足利義満でさえ、摂政や関白にはなっていません。豊臣姓の創設は、十世紀に摂関制度が生まれて以来の大変革だったのです。なお、関白を退いた人のことを一般に太閤《たいこう》と呼びます。ですから、太閤は歴史上何十人といるのであって、秀吉の専有する称号ではありません。

最後に一つ余談を。ふつう僕らは「豊臣秀吉」といいますが、もしこの呼び方に合わせるなら「平信長」「源家康」でなければなりません。彼らだけでなく、今回出てきた人名でいえば、「源義昭」「源晴信（武田信玄）」「藤原輝虎（上杉謙信。なお長尾景虎時代なら平景虎）」です。逆に、織田信長・徳川家康を使うのなら、秀吉は死ぬまで「羽柴秀吉」でした。前者は姓《せい》、後者は氏《し》（名字）です。現代日本語では姓名と氏名は同義語ですが、本来は姓と氏は別のものでした。君が生まれたころ僕らが住んでいた、あの徳島市内にあるお殿さまたちの墓地に立つ石碑には、「源を姓とし、蜂須賀《はちすか》を氏とす」（原文は漢文）と刻まれています。まあ、愛知県の無頼《ぶらい》の親玉だった蜂須賀小六《ころく》が、将軍足利家の親戚たる源氏だとは、にわかには信じられませんけどね。本書では原則として姓を「〇〇氏」、氏を「〇〇家」と表記しています。

J 新たな対外関係と「この国のかたち」

太閤こと「羽柴秀吉」が死んだとき、遺児の秀頼《ひでより》はまだ幼児でした。さすがにすぐ関白にするわけにはいきません。しかし彼が天下人の後継者であることは、秀吉に従属した大名たちの総意でした。問題は、誰がその補佐役・後見人として事実上の天下人になるか、でした。徳川家康と石田三成《みつなり》が対立し、そして関ヶ原《せきがはら》の合戦が起こります。

ただ、ここでも「仁義道徳」の話をすれば、三成の身分は家康より低かったので、彼は自分たちのグループの総帥に毛利輝元を据えます。関ヶ原西軍の形式上の総帥は、大坂城にいた輝元だったのです。そのため、戦後、毛利家は取り潰《つぶ》しの危機に直面します。早くから家康と気脈を通じていた、毛利一族の吉川広家《きっかわひろいえ》が、自分の恩賞になるべき領土を輝元に譲ることで、なんとか家康の許可を取り付けました。長州藩の成立です。ここが十九世紀中葉に討幕運動と明治維新の中心になることは言うまでもありません。「あのときにやっぱり取り潰《つぶ》しておけばよかった」ですね。

関ヶ原西軍ではもう一家、ずっと戦況を見つめて動かなかったのに、裏切り者続出で西軍敗北の色が濃厚になってから、わざわざ東軍の陣地を突き破って戦場を離脱した軍団がありました。薩摩の島津家です。一説には、その勇猛果敢さを身にしみて味わった家康は、ここを取り潰そうとしたらどれほど抵抗を受けるかわからないからと、西軍だったにもかかわらずほとんどお咎めなしで済ませたということです。そればかりか、島津家の要望をいれて、琉球への島津の出兵と支配も認可します。薩摩藩の強大さは、ここに原因があるわけです。「ああ、やっぱりここも潰しておくんだった」ですね。

琉球の名前がでてきたので、ここで遡って簡単に触れておきましょう。足利義満が明《みん》との交易を始めたころ、沖縄本島には三つの国があり、それぞれが明に朝貢して王として認められていました。一四二九年、そのなかの中山国《ちゅうざんこく》が統一に成功します。琉球王国の誕生です。琉球は規模が小さいとはいえ、東アジアの国際関係においては朝鮮王国や安南《アンナン》王国（ヴェトナム）、「日本王国」（＝室町幕府）と同格の存在でした。そして、この枠組みのなかで日本とも外交関係を結び、交易します。

というか、琉球の国としての成立根拠は貿易にありました。明を頂点・中核とする国際政治秩序は、したがって琉球にとって必要不可欠だったのです。日本との交易といっても、彼らが直接に堺や兵庫に来るわけではなく、薩摩島津家を介してのものでした。

島津家は秀吉に屈服し、さらに家康に臣従を誓うと、目を南に向けて琉球の支配をもくろみます。こうして一六〇九年に軍事遠征が行われ、琉球は薩摩の軍門に降ります。とはいえ薩摩の目的は、あくまで明の朝貢国としての琉球の貿易利権でしたから、その名目上の独立は尊重していました。琉球国王は江戸の徳川将軍にも代替わりごとに使節を派遣し、明（その滅亡後は清《しん》）の皇帝、島津、徳川という三人の主人に礼を尽くすことを強要されました。

これと同じ一六〇九年には、対馬藩の宗氏《そうし》が朝鮮との関係修復に成功し、以後、江戸時代を通じて幕府と朝鮮王国との対等な立場での外交関係が続きます。「関係修復」とは、もちろん秀吉の朝鮮出兵の事後処理のことです。家康は、秀吉のように大陸への軍事侵攻による富と領土の獲得をめざすのではなく、当時の東アジア国際関係のルールの大枠のなかで、平和的に貿易による利を得ることをめざしました。東南アジア方面には朱印船《しゅいんせん》を派遣し、活発な往来をおこなったほか、スペイン・ポルトガルに加えてイギリスやオランダとの通交にも取り組みます。

日本の北の境界地帯では、蝦夷《えぞ》すなわち北海道への進出活動が展開していました。一六〇四年には松前家《まつまえ》が、アイヌとの貿易の独占を家康から認可され、幕藩体制のなかで松前藩として位置づけられます。一六六九年にはシャクシャインを指導者とするアイヌたちとの戦争が生じますが、これに勝利し、蝦夷奥地にも松前の商人たちが出向くようになっていきます。東北でのアテルイの場合と同様の事態が、八百年の時間差をともなって進行していたわけです。

このように、一六〇〇年の関ヶ原合戦、一六〇三年の江戸開府と連動して、日本の周辺に新たな対外関係の枠組みが形成されていきました。以後幕末にいたる「日本」の姿が固まるのです。当初、東南アジア方面では朱印船が華々しく活躍していましたが、キリシタン禁圧貫徹のためもあっていわゆる鎖国政策が取られるようになると、一時は活況を呈した日本人町は廃《すた》れていきます。かわって、十八世紀には中国系商人がこの方面に進出しはじめます。いま華僑《かきょう》・華人《かじん》と呼ばれている人たちの祖先です。秀吉がとった膨張政策を修正して、家康は朝鮮への領土的野心は放棄し、南方では琉球までを勢力範囲に取り込み、北は蝦夷交易を進め、この範囲を日本として統治することで、新しい社会秩序を構築していく路線を示したのでした。

Q　鎖国時代の中国のイメージ

鎖国の時代、日本人は原則として外国に行けませんでした。原則として、と言ったのは例外があるからです。

一つは漂流民。船に乗っていたらなんらかの事情で流されて、中国や韓国、遠いところではロシアやアメリカに行きついてしまった人たちです、オロシャ（大黒屋）光太夫やジョン（中浜）万次郎のように。でも、この人たちはそうしたくて行ったわけではありません。

もう一つは、行くつもりで行けた人。それは、琉球と対馬で外交に携わっていた人たちです。琉球国は、前回お話ししたように、実質的には薩摩藩の支配下におかれていましたが、名目上は中国皇帝に朝貢する独立国家でした。したがって、毎年のように福建省の福州に船を出し、さらに使節は北京にまで赴いていたのです。また、対馬藩は朝鮮国との外交・通商を担当しており、韓国の釜山《プサン》にはその出先機関がありました（実はいよいよ三日後に、僕は初めて対馬に行けるので、その当時の関連史料が展示してある博物館などを観てくるつもりです）。

琉球を通じての福州・北京とのつながり、対馬を通じての釜山・ソウルとのつながりのほか、北海道の松前は、アイヌの人たちを通じてシベリア・ロシアとつながっていました。そして、忘れてならないのが長崎です。ともすると出島《でじま》ばかりが脚光を浴び、オランダとの交易港だと思われていますが、実際には中国との関係のほうが、質・量ともに重いのです。中国から渡来して住み着いた人たちもいましたし、そうした人たちに中国語を習うため、日本全国から有志がやってきたりもしています。かつての五山文化の時代ほどには中国語熱があったわけではありませんが、江戸時代にそうしたルートがまったく途絶えていたわけでもないのです。

元禄《げんろく》文化という用語は知っていますよね。政治的に天下太平が百年近くつづき、社会的に落ちついてきて、経済的に豊かになってくると、文化的にすぐれたものが生まれました。なかでも、文学では井原西鶴《いはらさいかく》・松尾芭蕉《まつおばしょう》・近松門左衛門《ちかまつもんざえもん》の三人が、教科書でも特記されています。ただ、そこで僕が不満なのは、彼らに対する中国文学の影響に、一切言及がないことです。あたかも、日本国内で純粋培養された結果として、この三巨頭が登場したかのごとき描きかたがされています。しかし、西鶴の浮世草子《うきよぞうし》や芭蕉の蕉風俳諧《しょうふうはいかい》、近松の芝居の脚本には、中国文学の香りがしています。実際の作品を繙《ひもと》いてみてください、すぐにわかりますから。

もちろん、中国文学そのものの移植ではありません。その点で、五山文学とは異なります。しかし、彼らがあのような傑作を書けたのは、決して『古今和歌集』や『源氏物語』を学んだからというわけではありません。元禄文化の特質を、山川の教科書では「人間とその社会を現実主義や実証主義でとらえる傾向が強いこと」としています。これは、諸行無常を説いていた『平家物語』や『方丈記』とはかなり異質ですね。でも、どうしてそうなったのか。文化の受容者が、公家でも武士でもなく、町人になってきたという社会的背景が重要です。そのことは教科書でも強調されています。ただ、それでは町人の需要に応ずる作品を、彼らはどうやって思いついたのでしょうか。天才だから、突然ひらめいたということなのでしょうか？　そうではありません。

この三人のみならず、江戸時代の文人たちが基礎知識として修得していた中国近世の文学作品には、この教科書の記述どおりの特徴が見られます。あの世のことを説く仏教的なものではなく、乱暴なくくり方をすれば、儒教的な現実世界重視の傾向が、宋代以降の中国文学の特徴です。日本でもこの時期ようやく、こうした性格の文学を受け入れることができる社会的基盤が、町人を中心に整ったということでしょう。元禄文化はこうした背景を持っているのです。鎖国によって誰も行ったことはないけれど、中国の存在はあいかわらず巨大だったのです。

それかあらぬか、近松は中国の歴史そのものを題材にした傑作を遺しています。『国性爺合戦《こくせんやかつせん》』です。実在した人物、鄭芝龍《ていしりゆう》・鄭成功《ていせいこう》父子をモデルに、明と清との戦争を描いた大スペクタクルです。鄭成功の母親が九州の武士の娘というところから、成功こと国性爺は、大和魂を身につけたサムライとして描かれます。ここでは、明の将軍呉三桂《ごさんけい》（実在の人物）が清（満州族）の野蛮さをののしる台詞《せりふ》を紹介しましょう。近松の、そしてそれは元禄時代の日本人全般の、アジアのなかの日本の位置づけが表れているからです。

忝《かたじけ》なくも大明国《たいみんこく》は三皇五帝《さんこうごてい》礼楽《れいがく》をおこし、孔孟《こうもう》教へをたれ給ひ、五常五倫《ごじようごりん》の道今にさかんなり。天竺《てんじく》には仏因果《ほとけいんが》を説いて断悪修善《だんあくしゆぜん》の道あり。日本には正直中常《ちゆうじよう》の神明の道あり。（『新編日本古典文学全集』七六、二五六頁）

（恐れ多いことに、大明国は三皇五帝が礼楽をおこし、孔子・孟子が教えを示されて、今も五常五倫の道は盛んである。天竺には釈迦《しやか》が因果の教えを説いて、断悪修善の道があり、日本には正直中常を説く、神明の道がある。）（同）

このあと、満州族にはそうした文明的なところが微塵《みじん》もない、と悪口になっていくのですが、ここで中国＝儒教、天竺（インド）＝仏教に並べて、日本＝神道という評価がなされていることに注目しましょう。おそらく実在の呉三桂はこんなこと思ってやしないでしょうけれど、この明の大将軍の口を通じて、わが日本国の神の道が賞賛されているのを聴いて、近松の観衆たちはやんややんやの喝采を送ったのです。つまり、大文明国の人にもきちんと認めてもらえているという満足感を得て。いまでいうなら、アメリカの国務長官が記者会見で日本を高く評価してくれている、という日本映画のワンシーンといったところでしょうか。

そして、もう気づきましたか。当時、日本政府（江戸幕府）が正式におつき合いしていた唯一の外国が、右の引用中には登場しないことを。それは、韓国（朝鮮国）です。歌舞伎には高麗屋《こうらいや》という屋号がありますが、脚本全般に韓国の姿はほとんど見られません。せいぜい、神功皇后の三韓征伐や豊臣秀吉の朝鮮出兵を題材にしたものに登場するくらいでしょうか。もちろん、日本軍に歯向かって敗れる哀れな弱者としてです。

インド・中国と日本をならべ、この三国で世界を表現する。前に紹介した『今昔物語集』と全く同じ構図が、近松でも続いているのです。ただ、『今昔物語集』では三国共通の普遍的教説として仏教があり、そのため韓国（新羅《しらぎ》）の危機を、中国と日本の高僧が調伏《ちょうぶく》によって救うという物語もありました。ところが近松、というか元禄文化の段階になると、仏教はインドの専売特許となり、中国は儒教、そしてわが日本は神の国であるという言い方に変わっています。

江戸時代の人たちは、誰ひとりインドに行っておりません。すでに何百年も前に、インドでは仏教がほとんど消滅していることを、近松は果たして知っていたでしょうか。

韓国を無視し、インドを自分たちのイメージにあわせて語る。鎖国体制は、外国のことをきちんと知らない人たちによる文学の傑作を生み出しました。そして、そうした傑作を通じて、人々は外国認識を形成していきました。幕末の尊王攘夷思想とは、こうした時代背景から生まれたものだったのです。

K　今も人を食らう仁義道徳

いよいよあすは卒業式ですね。あーあ、なんの因果か、小学校のとき同様、今回もどうしてもはずせない仕事があって、僕は出席できません。「日中歴史共同研究」の会合です。出張先の福岡に向かう飛行機の中から、式の様子を思い描くことにします。

本書も今回が最後です。君の誕生日から書き始めてきょうこの日に終わることを、僕は最初から計画していました。数えてみたらちょうどトランプのカードの枚数と同じ五十二日あったので、章節の見出しにそれを使いました。それもとうとう最後のカードになってしまいました。

本書の四部構成を、もう一度振り返ってまとめなおしておきましょう。

第一部は、貴族の武器を象徴するスペードで、剣にちなんで僕の切り口を語りました。学校の科目としての日本史がなぜつまらないのか、そしてそこで教えられている内容を「日本史」と言ってしまってもよいのか、という問題から始めて、いまのこの枠組みにつながっている昔の日本史の本、頼山陽の『日本外史』を紹介しました。そして、その尊王攘夷思想にふれ、日本を日本だけの歴史として語ることの問題点を指摘しました。

第二部は聖職者の信仰を象徴するハートで、これは信仰ということで、日本の神話を紹介しました。『古事記』や『日本書紀』は、形式上は歴史の本です。でもそこに描かれているのは、実際にあった歴史ではなく、編纂者たちが「そうだったらいいなあ」と思って創り上げた「お話」です。その意味では「事実ではないこと」が書かれているのですが、では、なぜそんな話が作られたのか、そしてそれによって僕たちはどんな日本イメージを持つことになったのか、そのことを紹介しました。おふざけがすぎて真剣に神話を信仰している人たちからは怒られそうですが、茶化すつもりはないのです。

第三部の商人の財産を象徴するダイヤは、僕たちの財産としての日本という国家がどう形成されてきたかを紹介しました。大化改新（という本当にあったかどうか怪しい改革）に始まる律令国家への道は、中国という「普遍的な」文明を導入しようとする闘いでした。もちろん、中国を普遍的だと思ったのは当時の人たちの誤解なのであって、当時地球上には、ほかにインドやローマやイスラームのすぐれた文明がありました。でも、彼らはそれを知らなかったのですから、致し方ありません。古代の人たちは、中国文明という富を得て、この日本という国を造り、僕たちに遺してくれたのです。

第四部の庶民の農具を象徴するクラブでは、畑を耕す鋤《すき》のごとく、鎌倉時代からの歴史をもう一度掘りおこしました。というのも、その内容の多くは、すでに第一部で言及していたからです。僕たちが日本の歴史を、現にそうされている形で語るようになったその経緯が、鎌倉時代以降の歴史の展開のなかに埋め込まれています。武士が権力を握った結果、どういう政治状況が生じたのか。新来の仏教思想が、どのような文化をともなってきたのか。鎖国という仕組みが、外国認識にどのような影を落としたのか。そうして、その結果として十九世紀に力を持つようになる尊王攘夷思想、ここで第一部の頼山陽と話がつながり、僕のこの物語も幕を閉じるわけです。

はじめに、僕は僕の自称を僕にすると宣言しました。そして、その理由はあとで述べると言いました。覚えていますか。ここでその約束を果たしたいと思います。

たぶん、小学五年生のときに塾の教材だった国語の評論文に、こんなことが書かれていました。「自分はボクということばが大嫌いだ。ボクは下僕《げぼく》の意味だから。おそらく、漢字に詳しい知ったかぶりの誰かが、ちょっと気取って使い始めたことばなんだろう。日本人の悪い特性である、へりくだるふりだけして愛想笑いをうかべるのと、同じ仕組みだ。英語では堂々とI《アイ》というのに……」というような内容です。生意気な小学生だった「ボク」は、この文章に腹が立ちました。誰のなんという文章だったかは全く忘れてしまったので、ここできちんと引用できないのが残念です（歴史の研究としては失格ですね）。でも、なぜ腹が立ったかはよく覚えています。というか、一日たりとも忘れたことがありません。

この人は西洋人は偉い、日本人はだめ、という大前提で話をしています。しかも、世界中に存在するのは西洋人と日本人だけで、お隣の中国・韓国のことは全く念頭にありません。「僕」という自称が、欧米語の一人称代名詞と質的に違うことが、日本がまだまだ近代化されていないことの証拠にされてしまっているのです。この人は、たぶん、漢文の授業中はずっと居眠りしていたんでしょうね。

「僕」は、東アジアの漢字文化圏において伝統ある一人称代名詞です。たしかに、漢字のもともとの意味は「下僕」です。だって「上僕」っていう熟語はないでしょう。ですから、もとは相手に対して大変へりくだり、「あなたさまはわたくしめのご主人さまでございます」という意思表示として使われはじめたのです。同じようなことばに「臣」があります。昔、東アジアで王様に向かって出す文書には、自分のことを必ず「臣」と書きました。

その意味では、近代的な平等思想、いわゆる基本的人権とはなじまないのが、この「僕」です（僕という代名詞も、僕という人間も、です）。でも美しいことばだと、僕は思います。「あなたのしもべ」。少し考えてみてください。人間同士の関係って、対等平等ばかりじゃないんですよ。

そう、僕の対になるのが、君。いうまでもなく、君主・主人の意味です。「僕と君」。僕にとって君は、自分の命を犠牲にしても守りたい「ご主人さま」です。十五年間ずっとそう思ってきましたし、これからもきっとそうでしょう。儒教の教義「三綱」について、朱熹大先生はこう言ってます。「君臣や夫婦はあとからそうなった関係だが、親子だけは生まれついての、切っても切れない関係であり、人間にとって最も根源的なものだ」と。

親子についてのこうした理解のしかたは、「自立する近代的な個人どうし」という教えに反します。フランスのジャン＝ジャック・ルソーという思想家——君が幼稚園のときに習って歌っていた「むすんでひらいて」を作曲した人です——は、『社会契約論』という本の冒頭に、「人は生まれつき自由で平等である」と書きました。フランス革命の人権宣言のもとになった思想です。その教えによれば、親子でさえも、独立した人格として対等なのです。基本的人権ですからね。こうして近代社会が誕生します。

でも「近代的」であることは、そんなにすばらしいことなんでしょうか。昔の人はいまの僕たちに比べて、基本的人権のことを知らない不幸な人たちだったんでしょうか？

そりゃ、もちろん不幸な歴史はいろいろあったでしょう。横暴な主人にこき使われても文句一つ言えず、ひどいときには命を落とす者も少なくなかったでしょう。行きたくもない戦争に、「仁義道徳」のために行かされて、戦場に散った若者も多かったことでしょう。それに比べれば、僕たちは近代社会に生まれたおかげでそうした目に遭わずに済んで……いますか？

「仁義道徳」は、別の名前でいまも表舞台に出ているようです。「自由」とか「民主」とかいった名前で（あ、これはもちろん政党名じゃないですよ。それらの政党が理念としていることば、むずかしいことばで「観念」と呼ばれるものです。高校生になる君には、観念なんてことばくらい使ってもいいですよね)。

「自由のために」とか「民主主義のために」とかいう理由で、多くの戦争が行われています。「自由のために死ぬこと」は、アメリカあたりではとても名誉とされるらしいです。でも、そうすると、「〈自由〉のためには死なない自由」は、事実上認められないんでしょうね、仁義道徳が人を食らっていた、昔の東アジアと同じように。

近代とはいったい何なのでしょう？　本書ではそこまでたどりつけませんでした。でも、是非また別の機会に、十九世紀後半以降、明治維新や大正デモクラシーや昭和の激動についても、君に話しておきたいですね。

そっちの部屋で、かあさんとふたり、楽しそうにあすの卒業式の支度をしてますね。さあ、僕もあすの九州出張の荷造りをしましょうか。

解説

保立道久

歴史の本は小説ではありませんから「解説」から読んでもまったく問題ありません。ただその分、解説を書くのは責任が重いですが、この本はいい本です。

私は小島さんと同じ高校の出身です。この高校には漢文の名物教師がいて漢詩を暗唱させられました。小島さんは地歴部《ちれきぶ》という地理・歴史のクラブに参加していたそうです。歴史好きには真面目な人が多いのですが、この地歴部は「ちょっと変わった」人が多いクラブでした。私は少し年上ですので、高校時代の彼は知りませんが、小島さんは中学生のときの愛読書が『論語』だという本物の真面目な勉強家だったようです。

勤めた大学が同じだったので中年になってから知り合いましたが、小島さんは少しダジャレ好きなだけで、温和で常識的な学者でした。そんな彼と親しくなったのは、3・11東日本大震災の後、東京大学の地震研究所の中国・朝鮮・日本の地震史料を集めるというプロジェクトに参加した時からです。彼は東大の地震研究所の人たちに地震の

「震」という字はなぜ雨冠なのかを説明していました。「地震そのものを表現する単独の漢字は存在せず、天からの雷による震動現象を〈震〉と表記し、雷と関わらずに地において生じる類似現象を〈地震〉と呼んだ」というのです。雷がドーンと大地を揺らすので、昔の人は大きな地震も天の神が引き起こすのだと考えていたという訳です。

地震研の人たちは感心していました。中国史の専門家は、こういう説明をサラッとしてくれるので目を開かれることが多いのです。日本の文化は淵源を辿ると、多くがユーラシア大陸にあるので、それを追跡することが私たちの視野を拡大することは疑いありません。私のような日本史研究者は、東アジアについての教養が十分でないことが多く、中国史や朝鮮史などの研究者に強いコンプレックスをもっています。

この本の旧版のオビには「ねえお父さん、教えて、歴史って何の役に立つの?」とありましたが、実は、これは歴史学者がいつも考えることです。たとえば私も小島さんも3・11東日本大震災のことを真剣に考えました。原発の大事故をふくめて、これは忘れてはならないことで、歴史学はこういう事件を考えるのに必ず役に立つというのが私たちの確信です。

歴史学者というのは「過去に拘《こだわ》る人」「過去を忘れないように努める人」です。「歴史って何の役に立つの?」という問いは過去は人間にとって何を意味するのか、何の役に立つのかというのと同じことです。しかも問題は、過去というのは時間だけでなく、さかのぼればさかのぼるほど、空間が拡大していくことです。つまり、日本の文明は中国から渡ってきたとしても、ユーラシア大陸にはさらに古くから東西を結ぶ道があったわけですし、DNA分析の結果からわかるように、私たちに身体をくれた親たち、親の親たち、先祖は世界中に足跡を残しています。現代は、自然科学が人類はみな兄弟であり、同じ動物であることを否定しがたい形で明らかにした時代です。

これは非常に単純なことです。ただ、歴史学というのは希望の大きな学問で、つまり、そういう無限の時間と空間のなかでの人類の経験を事実にもとづいて、どうにか基本だけはすべて復元したいと考えます。そして、民族が違い、個々人の人格と個性は様々でも、世界中の人間が過去の知識とイメージについてはすぐに理解できる共通点があるようにしたいと希望しています。たとえば、日本についていえば、まずは中国や朝鮮などを含む東アジアの国々の人々と同じ過去の記憶をもつということです。事実は私たちが知ろうが知るまいが、役に立とうが立つまいが、事実として圧倒的に存在しています。歴史の記憶の共通性がふえていくことが、人類の進歩に資することは疑いありません。

さて、本書の中身は四部からなっています。まず第一部の〈剣の章〉で、小島さんは「東アジアの大きな影響を認めた上で日本史の全体像をとらえる」という原則を立てました。そしてこの「剣」を振るって徳川時代の頼山陽《らいさんよう》という儒学者《じゆがくしや》の書いた『日本外史《にほんがいし》』を徹底的に批判します。この本は、徳川時代末期、つまり幕末から明治初期まで、非常に広く読まれた歴史書で、明治維新に「尊皇攘夷」の歴史観を提供した本です。その中心は「万世《ばんせ》一系《いっけい》」の天皇がいる日本の方が、王朝が何度も変わった中国や朝鮮より優れているという歴史観です。こういう考え方は今でもしばしば聞かれるものですが、たとえば、後醍醐天皇に逆らった足利尊氏は逆賊《ぎゃくぞく》で、南朝こそが正統であるなどという戦争の時代の「忠君愛国《ちゅうくんあいこく》」の思想は、この本にさかのぼるものです。中国の儒教の言葉で日本こそが優越していると語るのは奇妙なことですが、日本では儒教は、その生活倫理の側面よりも、こういう国家思想を中心に受けとめられ、それによって過激化したといってよいでしょう。

第二部は〈心の章〉と名づけられていますが、「神話論」がテーマです。『古事記』などに書かれた神話は、明治時代になって「万世一系の天皇＝現人神」という国家神道に利用され、日本人のほとんどがこの宗教を信じてアジア太平洋戦争に突入していきました。しかし、神話をそのまま信じてはならないとしても、その内容は今につながる日本人の「心」の秘密の問題として正確に知っておかなければならないというのが小島さんの立場です。私は、しばらく前に高校などで授業したとき、多くの高校生が神話の神々のうち、アマテラスは知っているものの、スサノヲとかオオクニヌシなどがどういう神なのかを知らないことに驚きました。スサノヲとオオクニヌシは災害と地震火山の神でしたから、この神のことを知らなくては、神話の時代の人の「心」を理解することができないだろうと、私も思います。

そして第三部の〈宝の章〉は大化改新から平安時代の仏教まで、日本の国家システムが中国文明という「宝」をどう利用してきたかという問題を論じています。注意していただきたいのは、ここで小島さんが、中国の小説家の魯迅《ろじん》がいった「儒教は人を食らう」という言葉までを引いて、孔子の教えが「仁義道徳を説く儒教」になっていて「弱者に犠牲を強いる非人間性をそなえた教説」になっていると非難していることです。あるとき、私は小島さんに「一生懸命研究している儒教を貴方は好きなのか嫌いなのか」と聞いたことがあります。そのとき彼ははっきりしたことをいいませんでしたが、ここを読んでよく分かりました。私たちの国でも「宝」として恩恵をうけてきた中国文明と、形だけのお説教になっている儒教を区別するということなのだと思います。最近、「中国嫌い」の理由として「儒教」を理由にあげる人がいますが、お説教はやめておいた方がいいのは明らかですが、同じような「忠君愛国」の儒教思想が日本で大きな影響をもっていたことは忘れてはならないでしょう。

第四部の〈鋤《すき》の章〉は、頼朝の時代から足利時代、戦国時代から徳川時代までを一気に論じています。飛ばしすぎのようにみえますが、ここは第一部の〈剣の章〉で『日本外史』を批判の対象にして武士の時代を大ざっぱに見たところを、もう一度「鋤き返して」、説明するという仕組みになっています。私は、関ヶ原の東西戦争で家康が毛利氏と島津氏を潰しておけば、徳川幕府が西国の雄藩連合に負けることはなかったろうという見通しは、徳川時代を全体としてみたときにたいへんに面白いと思いました。この続きは、もう一冊の小島さんの本『父が子に語る近現代史』に続くということで、本書の内容の紹介を終えます。

さて、以上のように内容を紹介するだけで紙幅を使ってしまいました。この本は歴史の専門書で、たとえば駅の売店などで売っている「歴史読み物」とはまったく違うものです（なお、ああいう本は、それこそほとんど『日本外史』の繰り返しで、お金の無駄遣いですからいっさい買わない方がいいです）。けれども本書の「ことば」は、その種の「歴史読み物」よりも場合によっては刺激的なものです。私の知る限り、「嘘っぱち」「恥ずかしい」「腹が立ちました」などの激しい言葉を使い、ダジャレ満載の歴史の専門書はこの本だけでしょう。しかも、その一方で現在の社会の在り方、歴史認識の在り方に対する真っ正面からの批判が、それらにまじって述べられていて、それがこの本に独特の勢いをあたえています。本書には実にいろいろな歴史事実が細かく説明されていますが、それも勢いにのって万華鏡のように説明されるので通読することはむずかしくないと思います。ただ、上に説明したように、この本はレンガを積み上げるようにして、トランプのカードの枚数と同じ五二章が緊密な構造をもって組み立てられています。そこに一貫した論理が秘められていることを説明できたでしょうか。

以上、文章の筋を通すために儒教の話にふれすぎたかもしれないのが気になります。そのほかにも刺激的で意外な知見が多いことを申し添えておきます。

ということでもっぱら誉めあげましたが、最後に言いたいことをいわせてください。つまり、小島さんは『日本外史』批判に名を借りて、実は、その〈剣〉で日本史の学界の在り方を串刺しに批判しようとしています。現在の日本史の研究にはまだ『日本外史』の提供した歴史観に対抗できるような「豊かで筋の通った全体像」がない、もう明治維新以来、一五〇年が経っているのに、日本史の学界はあまりに無自覚だという訳です。

しかし、日本史の歴史学界も『日本外史』、さらにさかのぼれば、その原型であった新井白石の『読史余論《とくしよろん》』のような歴史観への批判を一貫して念頭において研究を進めてきました。私は、「宝」としての中国文明と、問題孕《ばら》みの「儒教」の受容の両面をきちんと区別して考えるべきだという御主張は正しいと思います。日本の国家は中国と朝鮮の先進文明を「宝」として享受してきたが、他方で国家思想の中枢に「儒教」を受け入れて、日本流の「やや変わった儒教」を作ってきた。その両面をよくみて、日本の外側から日本史の「筋の通った全体像」を検討しなければなりません。私のような普通の日本史の歴史雑学者が、中国思想史の研究から学ぶべきものはきわめて多いのは明らかです。けれども私としては、このような本でこそ、できればこの国の歴史学は同じ方向と希望をもって頑張っているということも語っていただきたかったと思うのです。
読者としては、こういういわば歴史学の業界内部での議論はどっか別のところでやってくれ、成果は「本」にして出せということになるでしょうが、「おぼしきことといわざるは腹ふくるる業《わざ》」ということもありますので、最後にいわせていただきました。

（ほたて・みちひさ　日本史）

本書は二〇〇八年十月にトランスビューより刊行された。
文庫化に際し、加筆、修正を行った。

父《ちち》が子《こ》に語《かた》る日《に》本《ほん》史《し》

二〇一九年十月十日　第一刷発行

著　者　小島　毅（こじま・つよし）
発行者　喜入冬子
発行所　株式会社　筑摩書房
東京都台東区蔵前二―五―三　〒一一一―八七五五
電話番号　〇三―五六八七―二六〇一（代表）
装幀者　安野光雅
印刷所　株式会社精興社
製本所　加藤製本株式会社

ISBN978-4-480-43624-5　C0121

ちくま文庫